강적을 이기는 실전적 기본기

알파고시대 무적상수를 타파하려면 판을 지배하는 기본기에 충실하라!

강적을 이기는 실전적 기본기

김일환 · 이하림 공저

3
두뇌 전략편

들어가는 말

바둑은 크게 초반, 중반, 종반으로 나눌 수 있지만 그 안에는 여러 다양한 분야들이 포함되어 있습니다. 이를테면 정석, 포석, 행마, 침투와 삭감, 공격과 타개, 맥과 사활, 끝내기와 같은 많이 들어본 용어들 말입니다. 그런 정해진 분야 안에도 관련 발상에 따라 변칙적인 함정수, 정석의 활용, 3三에서의 변화, 효율을 높이는 사석작전과 국면 전환을 위한 응수타진 등 다이내믹한 요소들이 등장합니다.

인간의 뇌는 이런 실전적 요소들을 감지하고 계산하고 전략을 짜게 됩니다. 이런 뇌 작용에 초점을 맞춘다면 바둑의 전체 분야는 크게 우뇌와 관련된 '감각', 좌뇌와 관련된 '계산', 종합적 두뇌와 관련된 '전략'으로 나눌 수 있다고 봅니다. 여기서 기획은 출발합니다. 바둑을 뇌와 관련해 세 가지 영역으로 나눈 만큼 각 영역별 내용을 담아 책으로 발간하게 되었습니다. 이렇게 구성하면 한 권에 바둑의 다양한 분야를 배우는 장점이 있습니다. 더불어 영역별로 통합적 안목을 키울 수 있지 않을까요?

앞서 발간한 바, 1권에서는 우뇌의 감각적 영역을 담았고, 2권에서는 좌뇌와 관련된 계산 영역을 다뤘습니다. 이번 책에서는 우뇌와 좌뇌가 공존하는 소위 전략적인 영역으로 나아갑니다. 양쪽 두뇌가 골고루 작용하는 만큼 입체화된 국면에서 긴장감과 스릴이 보다 넘칩니다. 실전이라면 끊임없는 도발과 전투가 이어질 테지요. 우뇌와 좌뇌를 넘나들며 이를 뒷받침하는 아이디어와 형세 읽기가 반복됩니다.

이와 관련해 이 책에서는 정석을 다루더라도 모범적 시각이 아닌 변칙적 시각에서의 함정수에 초점을 맞췄고, 정석을 완성하는 과정에서도 부분적인 면보다 전체 국면에서의 활용적인 면에 시선을 두었습니다. 이와 더불어 필수 전략인 침투와 타개, 핵심 전투 요령인 응수타진과 사석작전을 다룹니다. 어느 장르이든 전체적으로 흐르는 맥락은 판의 생동감과 주도성입니다. 그에 따라 어느 장면이든 항시 선후수 관계, 모양의 강약과 발전 가능성 정도는 여러분이 주목해서 이해하고 넘어가면 좋겠습니다.

구체적으로 정리하면, 1장 '함정수' 편에서는 귀의 정석 과정에서 등장하는 변칙 수법과 그 대처 방안에 대해 다룹니다. 2장 '정석 활용' 편에서는 주로 정석의 실제적 사용 방법에 대해 다룹니다. 1장은 부분적 관점에서의 기술적 측면, 2장은 전국적 관점에서의 발상이 주제라고 봐도 무방합니다. 실은 1장과 2장을 완수해야 정석을 제대로 이해하고 전략적으로 활용할 수 있겠지요. 3장 '침투와 타개' 편에서는 귀와 변이 연동된 주요 포석 상황에서 기본적이며 실전적인 패턴을 다룹니다.

4장 '핵심 전법' 편은 능률적 전투의 요체인 응수타진과 사석작전에 대해 다룹니다. 이들 전략은 초반이든 중반이든 항시 중요한 역할을 합니다. 주로 기본에서 고급으로 나아가는 단계에 요구되는 전법이므로 구체적인 분석보다는 보여주는 대로의 이해만으로도 충분할 것입니다.

본문의 구성 방식은 주로 기본이 되는 장면을 제시하고, 흑이든 백이든 당면 과제를 풀어가는 식으로 전개됩니다. 아울러 입체적 학습을 위해 본문 중에 필요에 따라 보충 성격의 코너를 두고, 가벼운 내용은 '원포인트 예제', 심화된 내용은 '레벨업 예제'로 구분했습니다.

한 권에 바둑의 다양한 분야를 배우는 만큼 깊이 있는 내용보다는 전체적인 흐름이 주요 포인트가 될 것입니다. 다시 말해 패턴별로 깊게 파고들지는 않더라도 되도록 전체적 관점에서 폭넓은 지식과 이에 따른 기본 기술을 연마하는 데 역점을 두었습니다. 전반적으로 독자의 입장에서 어떤 기풍의 누구와 바둑을 두더라도 방향을 잡는 길잡이로 삼을 수 있도록 체계적이고 실전적이며 흥미롭게 꾸미고자 노력했습니다.

바둑TV의 인기 코너로 고교동문전과 대학동문전이 있습니다. 이 프로의 인기비결은 판이 끝날 때까지 역전에 역전을 거듭해 스릴만점이기 때문이죠. 한편으로 생각해보면 여러 장면에서 기회가 왔을 때 끝내지 못하는 아쉬움도 줍니다. 전반적인 기본기만 있어도 끝낼 수 있었을 텐데 말이죠.

이처럼 모든 일은 기본에서 출발합니다. 기본기가 충실하다면 어떤 일도 걱정하고 두려워할 필요 없습니다. 그래야 절호의 찬스나 절체절명의 위기에 판을 지배하고 돌파하는 힘을 발휘할 수 있습니다.

아무쪼록 이 책을 통해 두뇌의 조화로운 작용을 촉발시키며 전투가 유연하고 강해지는 전략적인 성향을 계발하면서 그에 따른 기본기를 연마한다면, 그동안 힘겨웠던 강한 적수도 이기는 지름길이 되지 않을까요?

김일환 · 이하림

추천하는 말

 현대 과학은 모든 것을 규명한 듯 보여도 여전히 많은 미지의 세계들 틈에 묻혀 있다. 그 중의 하나가 인간의 뇌에 대한 신비다. 광대무변한 우주의 비밀을 상당부분 벗겨 나가면서도, 그보다 엄청나게 작은 세계인 뇌의 구조가 아직도 수수께끼에 머물러 있다는 것은 일종의 불가사의다. 뇌의 기능과 역할을 파악할 수 있다면 바둑의 실체 규명에 큰 도움이 될 것이다. 반대로 바둑을 통해 뇌의 신비를 규명하는 것도 가능한 명제라고 생각한다.

 인간의 뇌에 대해 사람들은 그저 좌뇌와 우뇌로 대별하는 거친 이분법을 동원한다. 인간의 우뇌는 감성을 기반으로 직관과 형태(shape) 및 종합적 기능을 담당하고 좌뇌는 이성(理性)을 제어하면서 언어, 분석, 정리 등을 맡는 것으로 보고돼 있다. 어느 쪽 뇌가 더 발달했느냐에 따라 그 사람의 성향이나 재능이 결정된다는 것이다.

 이 이론을 바둑에 대입하면 흥미로운 가설이 만들어진다. 우뇌는 풍부한 상상력을 가동해 초반 포석 구상을 맡아주게 된다. 형태에 대한 시각적 기억력, 패턴에 대한 인식, 그리고 그런 형태나 패턴을 보고 한눈에 어떤 영감을 얻어내는 것이 모두 우뇌의 몫이다. 바둑에서 가장 중요한 개념 중 하나로 꼽히는 감각 역시 우뇌의 영역이 된다.

 반면 좌뇌는 중반전 이후 우뇌로부터 한 판 바둑의 통솔권을 이어받아 정밀한 득실 계산, 효율적 착점을 위한 경중(輕重) 판단, 끝내기 수순 등 보다 현실적이고 과학적인 쪽을 수행한다. 우뇌가 로맨티스트라면 좌뇌는 리얼리스트이고, 우뇌가 시인이라면 좌뇌는 과학자인 셈이다. 우뇌가 불이라면 좌뇌는 얼음이다. 모든 바둑 승부도 이 양대 기둥의 조화에서 벗어나지 않는다. 물론 기존의 뇌 과학설이 모두 '참'이라는 전제 아래 그렇다.

 서울대 의대 이태영-권준수 박사 팀이 2017년 봄 발표한 내용에 따르면 프로기사들의 최대 강점은 복잡하게 얽힌 국면에서 최선의 수를 찾아내는 직관력이다. 프로들은 상황마다 일일이 계산하는 것이 아니고, 공간 패턴을 파악하고 상대 반응을 예측하는 잘 훈련된 능력으로 상황에 대처한다는 것이다.

 알파고가 인간을 상대해 완승하는 과정은 어땠나? 좌뇌와 우뇌의 두 가지 기능에서 모두 인간에 비해 압도적으로 우월했다. 감정 없는 쇳덩이에 불과한 인공지능이므로 냉정한 계산 분야는 그렇다 치더라도 상상력과 예술의 영역으로 간주돼 온 포석부터 앞서 시종 판을 주도했다는 점이 무엇보다 놀라웠다. 알파고는 '현역 은퇴'를 선언했지만 숱한 인간 고수들은 알파고의 자체 대국 기보를 놓고 절세의 비급이라도 구한 양 매달려 연구하고 있다.

추세가 그렇다면 우리 아마수어들의 공부 방법도 달리 생각해볼 때가 되었다. 판 전체를 관통하는 다양한 수법에 대해 이른바 우뇌적 접근, 좌뇌적 접근과 함께 이 둘을 아우르는 종합적 전략으로 무장하는 것이다. 정석, 포석, 행마, 삭감, 공격 등 전통적 분류 방식을 알파고 식 뇌의 접근에 포인트를 두고 기본 패턴을 익히는 방식이 어찌 보면 전체적 안목을 기르는 능률적 학습의 지름길로 보인다.

김일환 9단은 이런 접근법에서 국내 어떤 프로기사보다 적임자로 보인다. 그의 착점은 빠르고 밝고 정확한 것으로 정평이 있다. 전투력이 발군이면서도 집과 두터움에 대한 감각이 남다르다. 그것이 이순(耳順)을 넘긴 지금에도 김일환을 여전히 날 선 승부사로 반상을 누비게 만드는 원동력이다. 뇌 기능과 나이와의 상관관계가 바둑계의 화두로 떠오르는 이 시대에, 시니어 그룹에 우뚝 선 김일환의 강의는 분명 남다른 가치로 어필해 온다.

이하림은 독특한 존재다. 프로 입단으로 방향을 잡지는 않았지만 바둑 세계에서 문(文)과 무(武), 이론과 실제를 함께 갖춘 몇 안 되는 바둑인이다. 그는 아직도 상당한 수준의 실전력을 갖춘 선수이면서, 자신의 독자들에게 정제(精製)된 영양소만을 공급하는 노련한 감독이기도 하다. 그의 손을 거친 바둑책들은 간결하면서도 정곡을 찌르는 문장으로 이뤄졌다는 게 특징이다.

김일환과 이하림이 의기투합해 시작한 '강적을 이기는 실전적 기본기' 시리즈에 기대가 크다. 두 전문가의 안내에 따라 뇌 구석구석을 종단하며 바둑의 기본을 파헤치는 유쾌한 여행에 함께 나설 생각에 마음이 설렌다.

이홍렬(조선일보 바둑전문기자)

contents

들어가는 말
추천하는 말

PART 1
함정수 귀에서의 노림과 대책

PART 2
정석 활용-요점과 이후의 형세

PART 3
침투와 타개-진영에서의 공방

PART 4
핵심 전법-응수타진과 사석작전

함정수

-귀에서의 노림과 대책

화점 걸침 후 눈목자달림

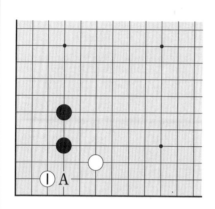

▨ 귀의 화점에 백이 날일자로 걸친 후 1의 눈목자로 달린 장면이다. 보통은 A의 날일자달림이 정석이다.

이처럼 깊게 파고든 수의 노림과 대책에 대해 알아본다.

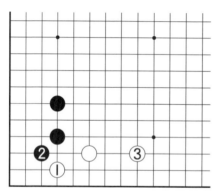

1도

1도(대표 정석)

참고로 이 형태에서는 백1의 날일자달림 후 3의 두칸벌림이 가장 대표적인 정석이다.

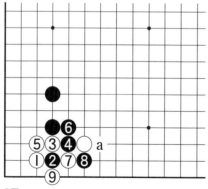

2도

2도(유인)

백1로 깊이 파고든 데는 흑2의 차단을 은근히 유인하고 있다. 그러면 백3의 끼움이 기다린다. 이하 필연의 진행인데 흑은 a의 축이 가능해야 두터움으로 둘 수 있다.

애초 백은 축이 불리하다면 1로 파고들지 않았을 것이다.

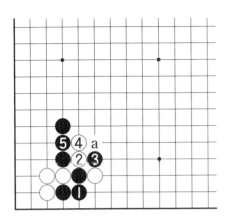

3도

3도(노림)

흑1로 아래쪽을 이으면 물론 백2로 끊는다. 흑이 양쪽을 수습하려면 3, 5로 몰아가는 것인데 역시 a의 축이 가능해야 한다.

　백의 노림은 바로 이런 축의 유리를 진제로 흑의 수습을 어렵게 하는 것이다.

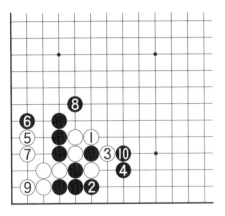

4도

4도(흑, 충분)

만일 축이 흑쪽에 유리하다면 이런 진행으로 흘러간다.

　백이 귀에서 사는 동안 흑이 중앙에서 힘을 발휘해 충분하다.

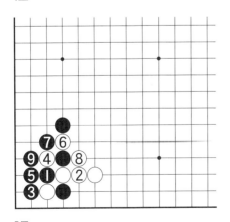

5도

5도(흑, 미흡)

거슬러 올라가 백이 끼울 때 흑1, 3으로 귀의 한점을 잡으면 백4, 6으로 좌변이 터진다.

　흑이 7, 9로 넘어가지만 약간 당한 모습이다.

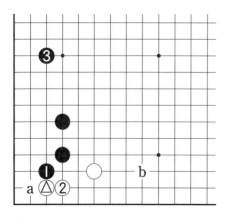

6도

6도(흑의 대책)

이제는 흑의 대책을 알아본다. 축이 불리하다면 흑1의 붙임이 안전한 대응이다. 백2로 물러서면 이 자체로 흑의 이득이다. 다음 흑은 a가 아니라 3쪽에 벌려 만족이다.

그러고 보면 백△가 부분에 치우쳐 있다. 1도처럼 b에 있어야 정상 아닌가.

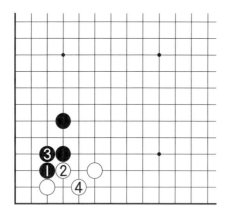

7도

7도(기본 정석으로 환원)

흑1에는 백도 2가 올바른 수습책이다. 알기 쉽게 4까지 되면 기본 정석으로 환원된 모습이다.

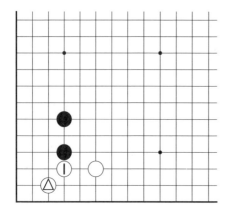

8도

8도(손을 빼는 방법)

흑은 상황에 따라 과감히 손을 빼는 방법도 있다.

백이 둔다면 1로 붙이는 정도인데 △와 더불어 그리 효율적인 모습이 아니다.

화점 한칸받음에서 2선 저공 침투 (1)

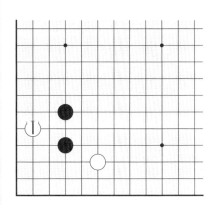

▨ 화점 한칸받음에서 좌변 백1의 저공 침투는 과감하지만 무모하다.

그러나 흑이 쉽게 생각하면 당할지도 모른다. 그 노림과 대책에 대해 알아본다.

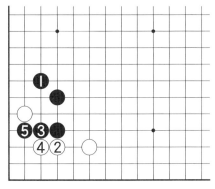

1도

1도(함정)

흑은 일단 좌변에서 1의 마늘모로 차단하고 싶다.

그러나 백2로 붙일 때 흑3, 5로 물러난다면 백의 실리가 커서 불만이다. 백의 함정에 걸렸다.

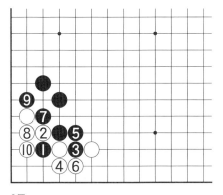

2도

2도(귀의 실리가 크다)

앞 그림의 2에 흑은 무조건 1로 젖히고 볼 일이다.

백2로 끊을 때가 기로인데, 흑3 이하 9로 외곽을 정비하면 귀의 실리가 커서 흑이 당한 결과이다.

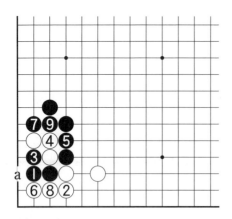

3도

3도(흑, 두터움)

흑1로 늘어 양쪽 백을 노리며 활용하는 것이 요령이다. 백2면 흑3, 5가 적절한 수순으로 9까지 석점을 잡는다.

백은 a의 활용이 있지만 흑이 두터운 결과이다.

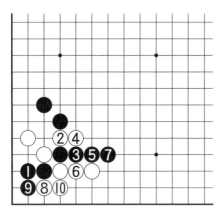

4도

4도(양쪽 처리?)

흑1에 백2, 4로 치고나가며 6으로 이으면 흑7에 일단 늘어둔다.

다음 백8, 10으로 귀를 공략해서 얼핏 백이 양쪽을 처리한 것처럼 보이지만~

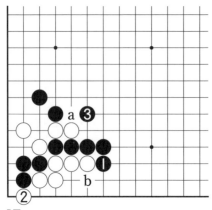

5도

5도(흑, 두터움)

계속해서 흑1로 막는 것이 선수이다. 백2로 귀의 석점을 잡으면 흑3으로 씌운다. 다음 백이 a로 나와끊는 것은 불리한 싸움이다.

b의 선수 권리도 가진 흑이 두터운 결과이다.

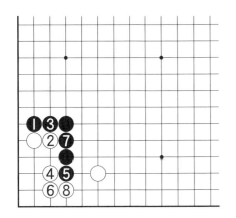

6도

6도(백, 유리)

처음으로 돌아가, 흑1로 붙여 차단하면 백2 이하 8로 귀를 차지하며 하변으로 넘어간다.

흑은 일렬종대로 단조로울 뿐이라 백이 유리한 결과이다. 백의 노림이기도 하다.

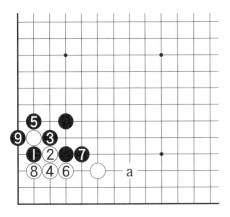

7도

7도(유력한 대책)

흑1로 귀에서의 차단이 유력한 대책이다. 이때는 백2의 끼움이 맥점이지만 흑3, 5로 단순히 한점을 잡아서 좋다. 이하 9까지 예상되지만 흑이 매우 두텁다.

차후 흑a로 다가서면 귀의 백은 상당히 위협받을 것이다.

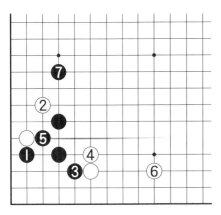

8도

8도(양쪽을 노린다)

흑1에 좌변 백2로 가볍게 움직이면 흑3, 5로 일단 귀를 차지한 후 양쪽 백을 노려 좋다.

가령 백6으로 벌려 하변에 안정하면 흑7의 압박이 위협적이다.

화점 한칸받음에서 2선 저공 침투 (2)

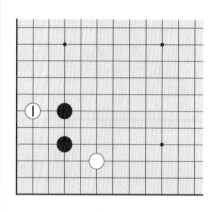

▨ [장면 2]와 비교해 이번에는 좌변 쪽으로 한발 물러나 백1로 침투한 장면이다.

상황에 따라 이 수는 실전에 종종 쓰이는 수법이다. 그 노림과 대책에 대해 알아본다.

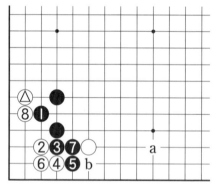

1도

1도(노림)

장면 다음 흑1로 귀쪽에서 웅크리면 백2로 3三에 침입할 예정이다.

흑3으로 막으면 이하 8까지는 필연인데 백이 △로 머리를 내밀고 있어 만족이다. 다음 흑a로 협공해도 백b의 활용이 염려된다. 제데로 백의 노림이 통한 결과이다.

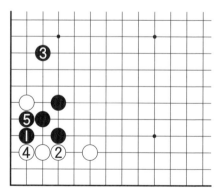

2도

2도(흑 모양이 좋지 않다)

앞 그림의 2에 흑1로 좌변에서 차단하고 3으로 자세를 잡아도 백4가 선수가 되면 흑 모양이 좋지 않다.

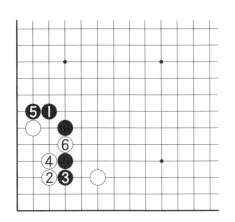

3도

3도(변에서 받는 경우)

장면의 침투에 대해 흑1로 좌변에서 가두려고 하면 역시 백2로 잽싸게 3三에 들어간다.

이하 흑5로 막으면 백6의 끼움이 맥점이다.

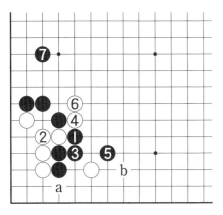

4도

4도(백, 충분)

계속해서 흑1, 3에 백4의 끊음이 기분 좋다. 흑이 5, 7로 양쪽을 처리해도 모양이 허술해서 미흡하다. 다음 백은 a로 귀를 크게 결정하든 b로 가볍게 뛰든 충분한 흐름이다.

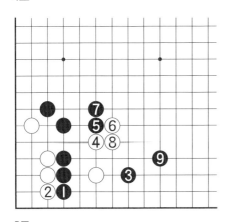

5도

5도(전투 양상)

3도의 4에 흑은 1, 3으로 협공하며 하변을 중시하는 편이 좋다.

백4로 움직이면 흑5 이하 9까지 공방이 예상된다. 앞으로 전투가 우열을 가릴 것이다.

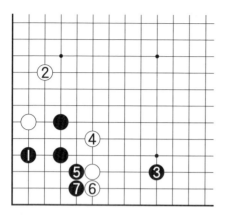

6도

6도(무난한 진행)

처음으로 돌아가서, 흑이 귀에서 차단한다면 1의 한칸이 산뜻하다. 백2로 벌리면 흑3의 협공이 자연스럽다. 백4로 뛰면 이제 흑5, 7로 귀를 지킨다.

앞으로 싸움은 있겠지만 부분적으로 무난한 진행이다.

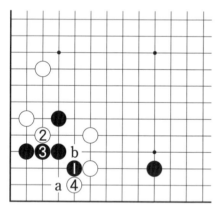

7도

7도(들여다보면?)

흑1에 붙일 때 백2로 들여다보면 흑3쪽에서 잇는다.

백4로 젖힐 때가 문제인데 흑이 a로 받으면 백b의 단수로 흑이 곤란하다.

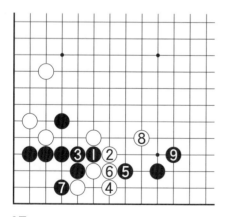

8도

8도(호각)

이때는 흑1로 끼우는 것이 요령이다. 그러면 백2, 4에 흑5, 7로 귀를 막는 흐름이 나온다.

다음 백8과 흑9로 지키면서 서로 호각이다.

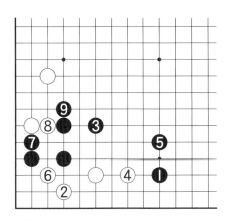

9도

9도(정석 진행)

흑1의 협공에 백2로 파고들면 흑3으로 중앙 움직임이 유연하다.

백4면 흑5. 멀리서 봉쇄하는 흐름이다. 백6에 흑7, 9가 힘차다. 이 경우의 정석 진행이다.

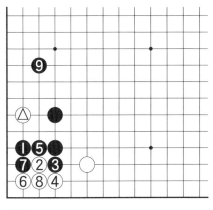

10도

10도(흑, 유리)

흑1에 백2로 3三에 들어오는 것은 좀 성급하다. 흑3 이하 7을 선수하고 9로 좌변을 벌리면 백△가 갇혀 흑이 유리하다.

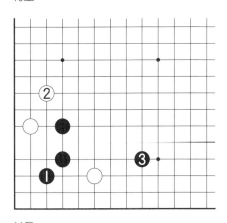

11도

11도(유력한 대책)

상황에 따라 흑1의 3三 지킴도 유력하다. 유연한 듯 양쪽 백을 노리는 공격적 착상이다.

백2로 좌변을 움직이면 흑3으로 혐공하는 흐름이 된다.

특수한 배경에서 깊숙한 침투

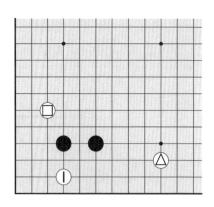

▨ 화점 한칸받음에서 백이 △의 지원군을 배경으로 1로 깊숙하게 침투한 장면이다.

얼핏 ▢와의 연결도 도모하는 기발한 행마인데, 그 노림과 대책에 대해 알아본다.

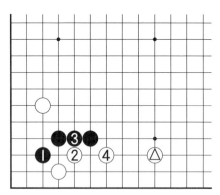

1도

1도(노림)

흑1로 3三에 받으면 백2, 4로 자연스럽게 △와 손을 잡는다. 백의 노림이 통한 결과이다.

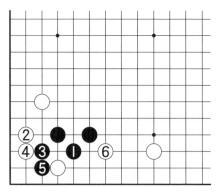

2도

2도(활용)

흑1의 마늘모로 변에서 차단하면 백2, 4로 선수한 후 6으로 다가선다. 그러면 백이 양쪽에서 활용한 모습이라 만족이다.

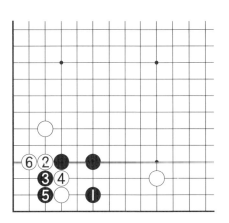

3도

3도(변의 차단)

변의 차단이라면 흑1의 뜀이 경쾌하지만 백2, 4의 끊음이 준비된 수단이다. 흑5에는 백6으로 내려선 다음~

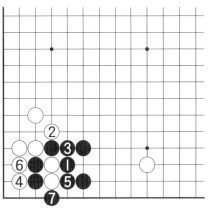

4도

4도(흑, 중복)

흑1로 두점을 잡을 때 백은 2 이하 6을 모두 선수해 기분 좋다.

흑이 두점을 잡았지만 중복된 모양이라 불만이다.

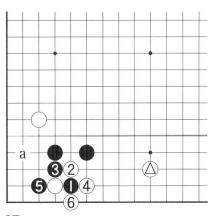

5도

5도(백, 만족)

흑1의 붙임이면 백2 이하 6으로 △와 호응하며 한점을 잡아 만족이다. a의 활용도 기분 좋은 선수이다.

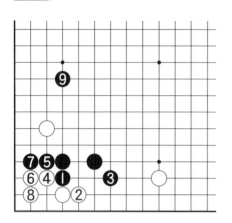

6도

6도(흑의 대책 1)

흑1의 치받음이 타이트하다. 백은 2 이하 8로 귀에서 살 수 있지만 흑은 두터운 모양을 배경으로 9로 협공해서 충분하다.

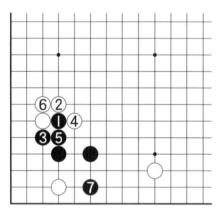

7도

7도(흑의 대책 2)

흑1, 3의 호구로 기대는 수법도 두터운 작전이다.

백4, 6으로 이으면 흑7로 차단해 이제는 백 한점이 크게 잡히니 흑이 만족이다.

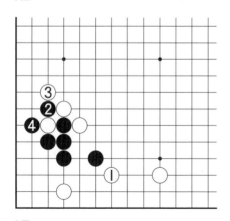

8도

8도(흑, 두터움)

앞 그림의 6 대신 백1로 하변에 진출하면 흑2, 4로 한점을 잡는 것이 두텁다.

백은 좌변 처리가 바쁘고 하변도 엷은 모양이다.

화점 한칸받음에서 큰눈목자로 뛰기

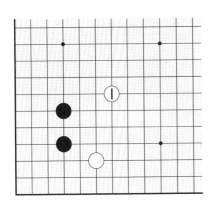

▨ 화점 한칸받음에서 백이 1의 큰눈목자로 뛰는 것은 보통 접바둑에서 나올 법한 수법이다.

어쩌면 폭을 넓혀 하변과 중앙에 대모양을 짓겠다는 뜻인데, 이를 배경으로 노림과 대책에 대해 알아본다.

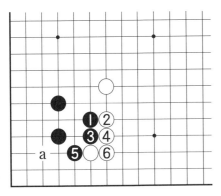

1도

1도(노림)

흑이 지레 겁을 먹고 1 이하 5 정도로 자체 안정만을 꾀하면 백 모양만 굳혀줄 뿐이다.

a의 단점도 있는 만큼 흑이 미흡하다. 백의 노림이었다.

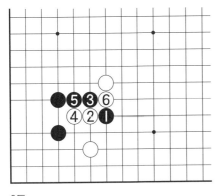

2도

2도(돌파 시도)

백의 엉성한 그물을 돌파하자면 일단 흑1 자리까지 진출해야 한다.

백2로 막을 때가 문제인데 다음 흑3에 젖히면 백은 4, 6으로 끊을 예정이다.

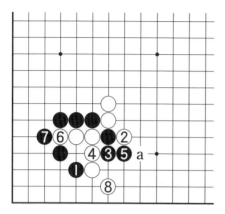

3도

3도(백의 리듬)

계속해서 흑1이 모양 상 맥점이지만 백은 2, 4로 몰고 잇는 리듬이 좋다.

흑5로 나갈 때 백6, 8로 탄력을 주면 다음 a의 젖힘과 귀의 약점을 동시에 방어할 수 없는 흑이 불리한 국면이다.

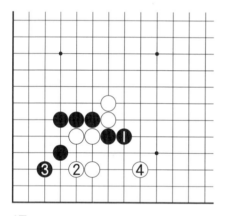

4도

4도(예측불허)

따라서 2도 다음 흑1로 느는 정도이다.

그러면 백2가 모양의 급소이고 흑3으로 귀를 지킬 때 백4로 벌리는 흐름이 보통이다. 서로 예측불허의 싸움일 것이다.

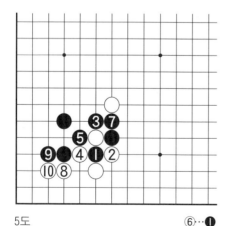

5도   ⑥…❶

5도(타협)

2도의 2에 흑1의 끼움도 생각할 수 있다. 다음 백2의 단수에 흑3, 5로 돌려치면 백6에 잇고 흑도 7에 이으면 백8, 10으로 귀를 차지하는 흐름이다.

이 정도면 실리와 세력으로 갈린 타협된 모습이다.

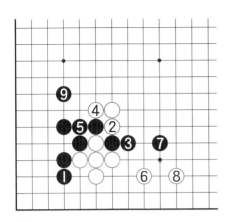

6도

6도(흑이 귀를 중시하는 경우)

앞 그림의 7로 귀를 중시하면 흑1로 내려선다.

그러면 백2로 끊고 8까지 변으로 진출하며 중앙전에 대비한다. 흑도 9로 실속을 차리며 두는 것이 요점이다.

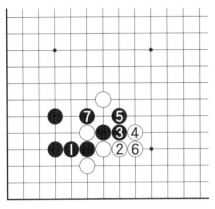

7도

7도(흑, 충분)

5도의 2에 흑1로 이을 수 있다. 이때 백이 하변을 중시하면 2로 늘텐데, 흑이 3 이하 7까지 처리하면 두터워 충분한 모습이다.

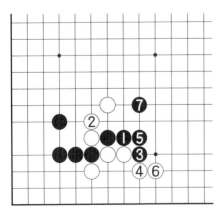

8도

8도(중앙전)

흑1로 누를 때 백은 2로 잇는 것이 기세일 것이다.

그러면 흑3 이하 7까지 중앙전 흐름이다.

27

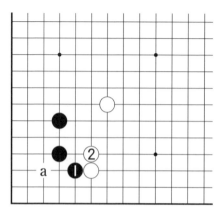

9도

9도(두터움만 준다)

처음으로 돌아가서, 흑1로 붙여 백 2로 세워주는 것은 두터움만 줄 뿐 이득이 없다.

이런 모양은 a의 약점이 항상 노 출된다.

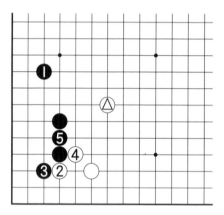

10도

10도(간명한 대책)

백 모양에 신경 쓰지 말고 흑이 1 로 벌려두면 간명하다.

백2, 4의 호구는 △와의 연결을 생각한 수단이지만 흑5로 튼튼하게 이어서 나쁠 리 없다.

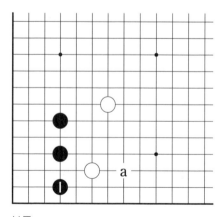

11도

11도(견실한 지킴)

흑1의 한칸 지킴은 귀를 중시한 견 실한 수단이다.

백의 도발을 무시하며 a의 협공 을 노린다. 이러면 백은 김이 샐지 도 모른다.

화점에 눈목자로 걸치고 3三침입

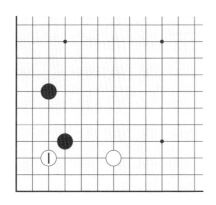

▨ 화점에서 눈목자로 걸치고 눈목자로 받을 때 백1로 3三에 침입한 장면이다.

이를 배경으로 노림과 대책에 대해 알아본다.

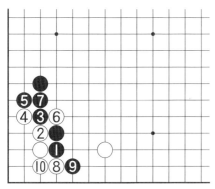

1도

1도(보편적 수순)

흑1로 막으면 백2 이하 10까지는 보편적인 수순이다.

다음 흑의 응수에 따라 백의 노림이 작동한다.

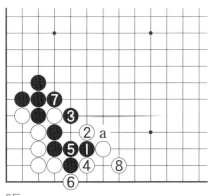

2도

2도(노림)

보통은 흑1의 호구 이음이지만 기다렸다는 듯 백2의 젖힘이 기분 좋다. 흑3에 지킬 때 백은 4, 6을 선수하고 8(혹은 a)로 하변에 모양을 잡아 노림 성공이다.

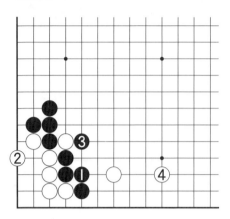

3도

3도(꽉 잇는 방법)

이 경우는 모양은 우형이라도 흑1의 꽉이음이 백의 카운터펀치를 맞지 않는 방법이다.

그러면 백2로 살고 서로 흑3과 백4로 지킬 텐데, 백이 양쪽을 두었지만 흑도 두터워 충분하다.

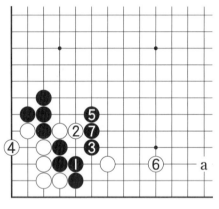

4도

4도(묘미)

흑1에 백은 2로 하나 움직인 다음 4로 사는 방법도 묘미 있다. 흑5로 씌우면 백6에 벌려둔다.

이 모양에서는 흑7로 손질해야 두점을 완전히 잡을 수 있다. 그러면 선수를 잡은 백이 a로 또 벌릴 수 있다.

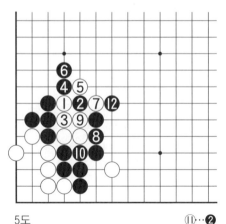

5도   ⑪…❷

5도(탈출하고도 망한다)

앞 그림의 5에 백이 두점을 살리자면 1의 붙임이 맥점이다.

그러면 흑도 2가 맥점인데 백이 9까지 한점을 따내며 탈출은 가능하지만 그동안 조임을 당하고 흑12의 젖힘이 강타로 백이 망한 모습이다.

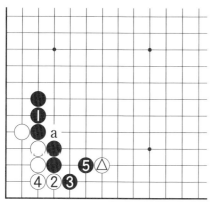

6도

6도(흑의 대책)

거슬러 올라가 1도의 4에 흑도 실은 1의 이음이 무난하다. 그러면 백 2, 4로 젖혀이을 때 이번에는 흑5의 호구 이음이 제격이다.

1도와 달리 a쪽 지원군이 없는 백△는 이제 힘이 부친다. 흑이 다소 우세하다.

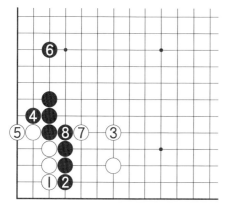

7도

7도(과연 주도적일까?)

백1로 살포시 내려선 다음 3으로 움직이면 언뜻 보기에 주도적이다. 하변에 나쁜 영향을 주지 않으면서 흑4에 백5로 살겠다는 뜻인데 흑은 8까지 일단 인내한다.

귀만 완벽하다면 백이 우세할 텐데 과연 그럴까?

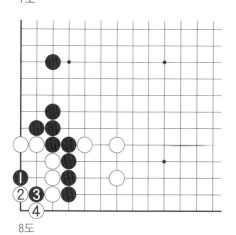

8도

8도(치명적 패)

그러나 귀의 사활이 문제이다. 흑1의 치중이 급소이다. 그러면 4까지 패가 정답이다.

이처럼 패가 남아서는 치명적이다. 따라서 흑이 우세한 결과이다.

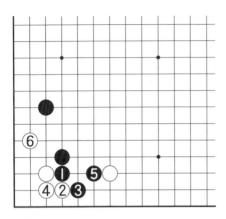

9도

9도(바로 젖혀 이으면?)

처음으로 돌아가서, 흑1에 백2 이하 6으로 바로 젖혀 잇고 살면 어떨까?

백이 귀를 가볍게 처리하면서 변을 움직이겠다는 뜻인데~

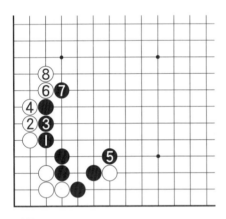

10도

10도(흑, 우세)

흑은 1, 3으로 확실히 눌러놓고 5의 젖힘이 두터운 수법이다.

백6, 8로 변에 진출할 수 있지만 전체적으로 저위라서 흑이 우세한 결과이다.

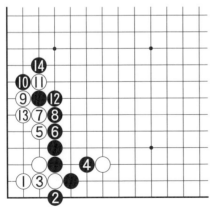

11도

11도(흑, 대만족)

백1의 호구는 5의 진출을 위함이지만 흑6, 8로 막혀 좋을 리 없다.

이하 14까지 되면 바깥을 철저히 봉쇄한 흑의 대만족이다.

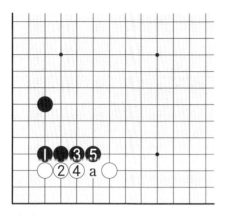

예제

▦ 예제 (흑 차례)

상황에 따라 흑은 1쪽에서 막기도
한다. 백2, 4로 밀면 흑5까지 필연
이다.

여기서 백이 a로 이으면 보통인
데, 만일 손을 빼면 어떻게 될지 알
아보자.

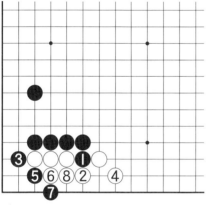

참고도 1

참고도 1(백, 귀에서 당하다)

흑은 1로 찌르고 3으로 젖히는 것
이 좋다.

백4로 지키는 정도인데 흑5, 7이
선수로 백은 귀에서 호되게 당한다.

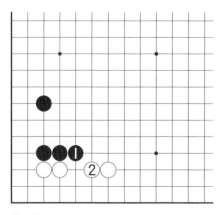

참고도 2

참고도 2(간명책)

문제의 수순에서 흑1에 늘 때 백은
2로 모양을 잡을 수도 있다.

약간 엷지만 경우에 따른 간명한
방법이다.

눈목자 귀의 지킴에 뛰어들기

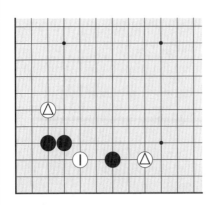

▨ 화점에서 눈목자 지킴이 쌍점과 더불어 철통같지만 백△들이 다가와 있는 만큼 백1의 침입이 보기에 제격이다.

이를 배경으로 노림과 대책에 대해 알아본다.

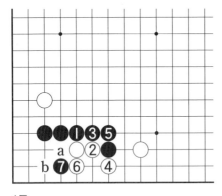

1도

1도(백의 주문)

흑1, 3으로 틀어막는 것은 백4로 건너가 좀 싱겁다. 일단 이렇게 되면 흑5 다음 7의 붙임이 귀의 수비법이다.

이후 백a는 흑b가 요령이다. 어쨌든 이 진행은 간명하지만 백의 주문이다.

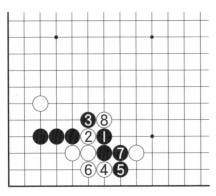

2도

2도(기세)

앞 그림의 2에 흑1로 올라서 차단하는 것이 기세이다.

그러면 백은 2로 나간 후 4, 6으로 젖혀 잇고 8로 끊는 것이 강렬한데 이다음 흑의 응수가 중요하다.

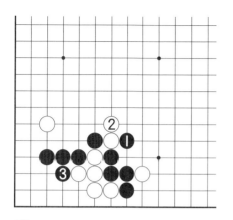

3도

3도(잡는 것은 어렵지 않다)

흑이 귀에 갇힌 백 다섯점을 잡기란 어렵지 않다.

당장 흑1로 단수치고 3으로 막으면 그뿐이다. 문제는 이다음인데~

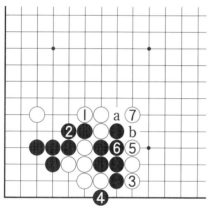

4도

4도(위력적인 노림)

백은 1을 결정한 후 3 이하 7로 바깥을 봉쇄하는 것이 현명하며 적시의 사석작전이다.

차후 백은 a와 b가 모두 선수가 되므로 매우 두터운 철벽이다. 가장 위력적인 노림은 이 진행일 것이다.

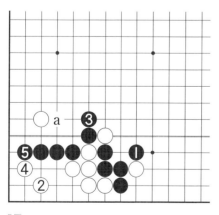

5도

5도(흑의 대책)

2도 다음 흑은 1의 젖힘이 봉쇄를 피하는 수단이다. 백2로 삶을 도모할 때 흑3으로 중앙을 지켜둔다.

그러면 백은 4로 살아둔 후 a의 급소를 활용하며 좌변에 벌려 만족할 텐데 과연 그럴까?

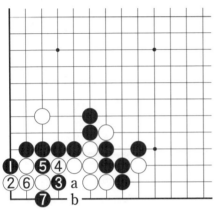

6도

6도(흑의 꽃놀이패)

귀만 완전하면 백도 해볼 만한데 실은 귀에는 흑1로 젖히고 3에 건너붙이는 묘 수순이 있다. 다음 백4에 흑5, 7이면 사건이다.

결국 백a에 흑b로 패. 이러면 흑의 꽃놀이패 아닌가.

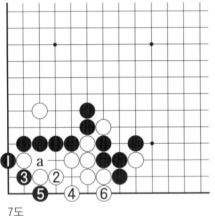

7도

7도(비참한 삶)

흑1에 백2로 물러서면 살 수는 있다. 그러면 흑3, 5로 추궁해서 백은 겨우 두 집의 비참한 삶이다.

차후 흑이 a로 한점을 잡으면 여기에 근거까지 생기니 백의 진로가 순탄치 않다.

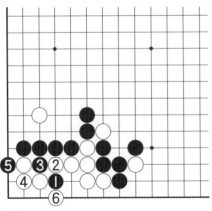

8도

8도(바둑은 수순이다)

그런데 흑이 수순을 바꿔 1로 먼저 건너붙이고 3, 5로 젖히면 백6으로 크게 살아버린다.

바둑은 수순이라는 격언을 잊지 말자.

화점 걸침에 처진 날일자받음

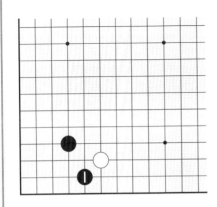

▥ 화점에서 흑1의 2선 날일자를 보통 '처진 날일자'라 부르는데 보기에도 적극적인 발상이다.

부분적으로도 함정 코스가 있는데, 그 노림과 대책에 대해 알아본다.

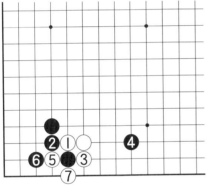

1도

1도(1차 노림)

백1, 3으로 찌르고 막는 것은 하수 발상이다. 그러면 흑은 한점을 잇지 않고 4로 협공한다.

백은 5, 7로 한점을 잡더라도 모양이 무거워 좋지 않다. 흑의 1차 노림이 통했다.

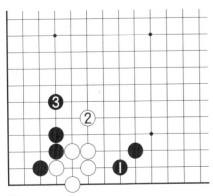

2도

2도(백, 불만)

계속해서 흑1로 공격하면 백2로 쫓겨서 좋을 리 없다.

자연스럽게 흑은 3으로 실리의 폭을 넓혀간다. 백의 불만이다.

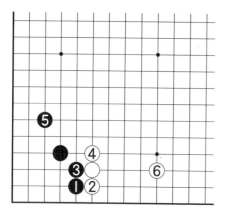

3도

3도(정석)

흑1에 백이 이쪽을 받는다면 바로 2에 막아야 한다. 이하 6까지 되면 귀와 변으로 진영이 갈린 정석이다.

　그런데 흑은 이처럼 알기 쉽게 두지는 않을 것이다.

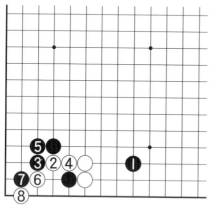

4도

4도(백의 대책 1)

앞 그림의 2에 백은 흑1의 협공을 염두에 두어야 한다. 이때는 백2의 건너붙임이 행마법이다.

　흑3 다음 5로 이으면 백6, 8의 이단젖힘이 대응책이다. 여기는 귀의 특수성이 작용한다.

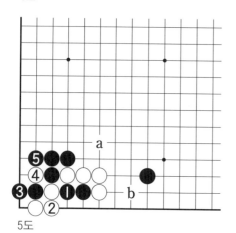

5도

5도(호각)

계속해서 흑1, 3으로 수를 조일 때 백4로 하나 끊어두면 선수를 잡을 수 있다.

　다음 백은 상황에 따라 a로 나가거나 b로 재빨리 살아둘 수 있다. 서로 호각의 결말이다.

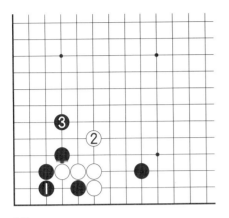

6도

6도(2차 노림)

4도 흑5의 이음 대신에 흑1로 내려 서는 것이 좀 더 적극적인 방법이 다. 이때 백이 2로 뛰어 흑3으로 같 이 뛰게 되면 백만 모양이 무거워 져 좋지 않다.

좀 재미있게 표현하자면 1차 노 림을 통과한 백이 2차 노림에 걸려 든 격이다.

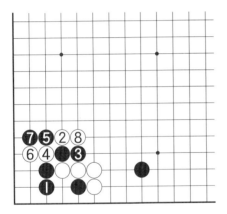

7도

7도(백의 대책 2)

흑1에는 백2로 붙이는 맥점을 알고 있어야 한다. 이때 흑3으로 나가면 백4로 끊어 흑이 난감하다.

다음 흑5, 7로 두점을 잡을 수 있어야 하는데 백8로 축이다. 물론 백이 2로 붙일 때는 이 축이 유리 해야 한다.

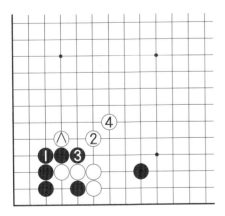

8도

8도(타협)

따라서 백△로 붙일 때는 흑1로 잇 는 것이 정수이다.

이때 백2로 뛰고 흑3에 나가면 백4로 정돈하는 것이 보통이다. 이 정도면 서로 타협된 결과이다.

화점 붙임에서 끼울 때 아래쪽 단수

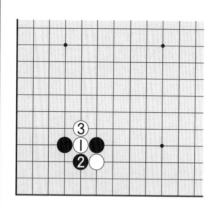

■ 화점 한칸붙임에서 백1의 끼움은 보통 접바둑 수법이다. 이때 흑2로 아래에서 단수치고 백3으로 나간 장면이다.

이 수순을 배경으로 앞으로의 노림과 대책에 대해 알아본다.

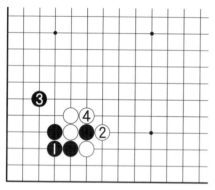

1도

1도(노림)

흑1로 이으면 백2로 몰고 흑3에 모양을 잡을 때 백4로 깨끗이 따낸다.

이 결과는 백이 두텁고 노림이기도 하다. 여기서 백은 2의 축이 반드시 유리해야 한다.

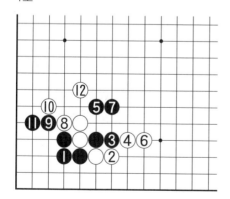

2도

2도(예측불허)

만일 축이 불리하다면 백은 2로 늘어야 한다.

이때 흑3으로 직접 움직이면 백4 다음 6의 하변 지킴이 그럴듯하다. 다음 흑7의 보강이 필요할 때 백8 이하 12까지 예측불허의 전투가 벌어진다.

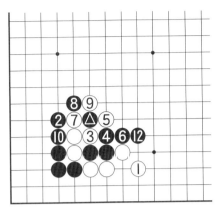

3도

(11)···△

3도(흑, 압도적)

앞 그림의 6으로 백1의 호구 지킴
은 어떨까?

그러면 흑2의 장문이 맥점이다.
백3 이하 7로 돌파는 가능하지만
흑8, 10으로 백은 포도송이가 되며
흑12가 힘차다

흑은 실리도 좋고 두터운 모양이
라 단연 압도적이다.

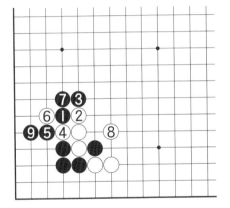

4도

4도(백, 불리)

2도 백2로 늘 때 실은 흑1의 한칸
이 모양을 키우는 맥점이다.

백2에는 흑3의 젖힘이 힘차고 이
하 9까지 백이 불리한 모양이다.

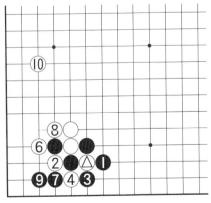

5도

❺···△

5도(흑의 대책)

처음으로 돌아가서, 흑은 축이 불리
하다면 1의 단수가 유력하다.

다음 백2, 4를 결정한 후 10까지
가 보통의 진행이다. 그러면~

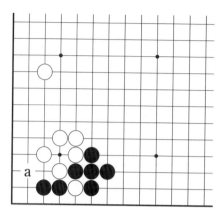

6도

6도(타협)

이런 모양이 되는데, 이 정도면 서로 둘 수 있는 타협의 모습이다.

　백은 좌변이 활발하지만 흑도 a의 권리가 강하고 하변 가능성으로 대항할 수 있다.

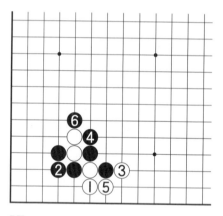

7도

7도(흑, 우세)

5도 흑1의 단수에 대해 백1로 나가면 흑2로 잇는다.

　다음 백3의 붙임이 맥점인데 6까지 두점을 잡은 흑이 후수라도 우세하다.

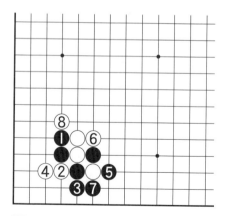

8도

8도(백, 우세)

이번에는 흑1로 미는 변화이다. 그러면 백2, 4로 귀에 모양을 잡는다. 이하 8까지 필연인데 두점을 잡은 백이 단연 우세하다.

화점 붙임에서 끼울 때 위쪽 단수

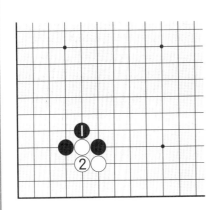

▨ [장면 9]와 같은 형태에서 이번에는 흑1로 위에서 단수치고 백2로 이은 장면이다.

이 수순을 배경으로 앞으로의 노림과 대책에 대해 알아본다.

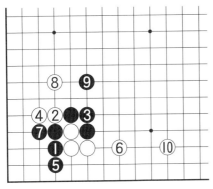

1도

1도(백, 활발)

흑1로 막으면 백2의 끊음은 당연하다. 이때 흑3에 이으면 백4로 내려서고 흑5, 7로 귀를 방어할 때 백6 이하 10으로 자연스럽게 양쪽을 두면 백이 다소 활발하다.

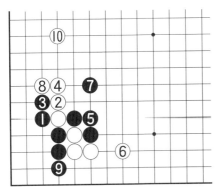

2도

2도(백의 흐름이 좋다)

앞 그림의 2에 흑1, 3부터 단수치는 것이 이 코스에서는 적절한 행동이다.

그런데 다음 흑5, 7로 중앙을 잇고 움직이면 백8이 귀에 선수로 들어 10으로 벌리는 흐름이 괜찮다.

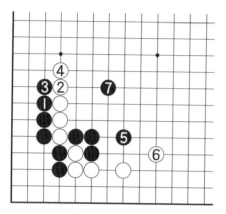

3도

3도(호각)

따라서 흑은 좌변에서 1, 3으로 밀고나간 후 5, 7로 중앙을 움직이는 것이 확실한 방법이다.

그러면 서로 둘 수 있는 흐름인데, 흑은 좌변에 실리를 차지한 만큼 중앙 처리가 관건이다.

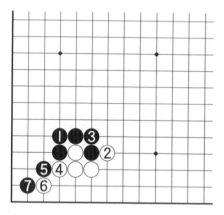

4도

4도(흑의 대책)

처음으로 돌아가서, 흑이 무난하게 두자면 1로 두텁게 잇는 것이 보통이다.

그러면 백2로 단수친 후 7까지는 필연의 진행이다.

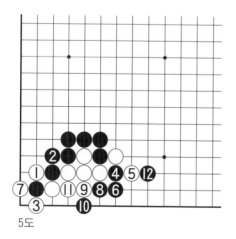

5도

5도(백, 불리)

이때 백1, 3으로 한점을 잡는 것은 흑4의 끊음이 통렬하다.

백5, 7로 수순 좋게 따내더라도 흑8, 10을 선수한 후 12의 붙임이 맥점으로 백이 불리한 결과이다.

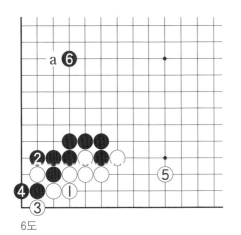

6도

6도(타협)

따라서 4도 다음 백은 1, 3으로 물러선 후 5로 하변에 벌리는 것이 보통이다.

　흑도 이쪽에 둔다면 6(또는 a)에 벌려 서로 타협이지만, 흑이 약간이라도 두터운 모습이다.

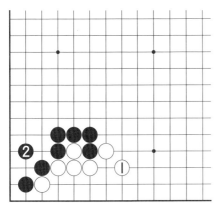

7도

7도(발 빠른 수법)

부분적으로 백이 귀에 선수를 강요하자면 1의 호구도 유력하다. 그러면 흑2로 지키는 것이 탄력적이다.

　백이 귀에서는 손해이지만 발 빠르게 두는 방법이다.

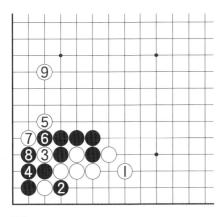

8도

8도(흑, 욕심)

백1 때 흑2로 한점을 잡는 것은 약간 욕심이다.

　백은 좌변에서 3 이하 9로 가볍게 삭감하는 수단이 남는다.

화점 붙여뻗음에 3三침입

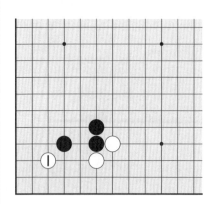

▨ 화점 붙여뻗음 정석에서 대뜸 백1로 3三에 침입한 것은 접바둑에서 상수들이 즐겨 쓰는 수법이다. 그 노림과 대책에 대해 알아본다.

1도(노림)

흑1로 막고 백2로 넘겨주면 8까지가 정해진 코스인데 실리를 품은 백 모양이 완벽하다. 노림 대로의 흑 최악의 결과이다.

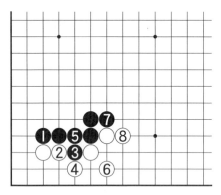

1도

2도(흑, 불만)

따라서 일단 흑1로 차단해야 한다. 그런데 백2로 나갈 때 흑3 이하 9로 밀리는 것은 이쪽 뒷문이 열리며 후수가 되어 흑의 불만이다.

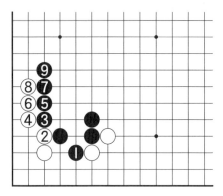

2도

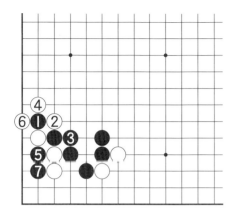

3도

3도(흑, 만족)

그렇다면 앞 그림의 4에 흑1의 이 단젖힘은 어떨까?

이때 백2, 4로 한점을 잡으면 흑 5, 7로 귀를 제압한 흑의 만족이다. 하변도 흑이 강하지 않은가.

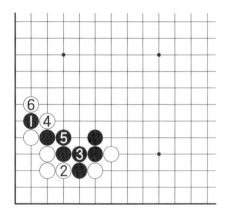

4도

4도(백, 충분)

흑1에는 백2로 찝는 것이 양쪽 변을 맞보는 맥점이다.

그러면 흑3으로 잇는 정도인데 백은 4, 6으로 한점을 잡으며 귀를 살려 충분하다. 귀에는 이단패의 맛이 남아 있지만 당장은 흑도 부담이다.

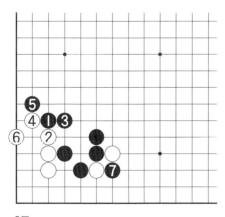

5도

5도(흑의 대책 1)

흑은 바로 젖히기보다 1로 늦추는 것이 행마법이다.

백이 2 이하 6까지 최대한 크게 살아도 흑7로 하변을 제압하면 전체 모양으로 볼 때 흑이 두터운 결과이다.

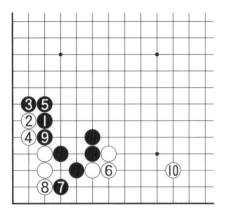

6도

6도(백의 변화)

흑1에는 백2의 붙임이 부분적 맥점. 즉 귀에서 2, 4로 재빨리 살고 변에서 6의 이음을 얻을 수 있다.

그러면 모양 상 흑은 7을 선수한 후 9로 두텁게 막아둔다. 다음 백 10으로 벌리면 얼핏 양쪽을 둔 백이 잘된 것 같지만~

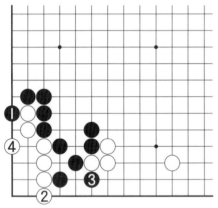

7도

7도(흑, 만족)

흑1로 귀를 공략하는 맛이 남아있다. 그러면 백은 2를 선수해놓고 4로 살아야 한다.

그 사이 흑3의 젖힘이 오면 하변 백이 약해진다. 이 결과도 흑의 만족이다.

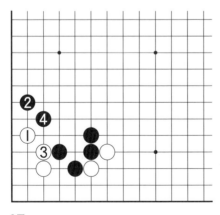

8도

8도(흑의 대책 2)

앞으로 돌아가 백1의 날일자 행마가 2도 백2보다 가벼워서 좋다. 그러면 흑2의 공격이 부분적으로 요점이다.

백이 계속 몰리지 않으려면 3으로 살아두는 것인데 흑4로 봉쇄해 흑이 충분하다.

화점 한칸협공에서 두점머리 젖힘

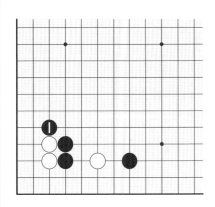

▓ 화점 한칸협공 정석에서 흑1로 젖힌 장면이다.

실은 정석에서 벗어난 수단인데, 그 노림과 대책에 대해 알아본다.

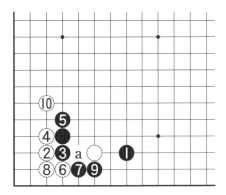

1도

1도(정석 과정)

이 그림이 정석 과정인데 흑5가 정수이며 이하 10까지 일단락이다.

이때 흑9의 지킴은 요즘 유행이고 a가 보통이었다.

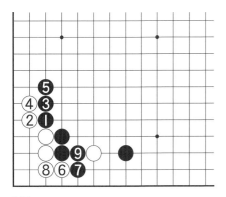

2도

2도(노림 1)

흑1의 젖힘에 대해 백2, 4로 2선을 기는 것은 흑이 원하는 그림이다.

이하 9까지 일단락인데 귀에 갇혀 자세가 낮은 백의 불만이다.

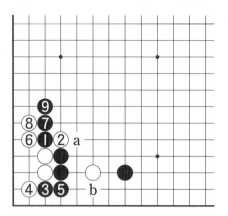

3도

3도(노림 2)

그렇다고 흑1에 백2로 끊는 것은 흑3, 5로 귀를 먼저 젖혀 이어 백이 좋지 않다.

천상 백6, 8로 나가야 하지만 백이 귀와 중앙 모두 약한 모습이다. 다음 백a는 흑b로 연결한다.

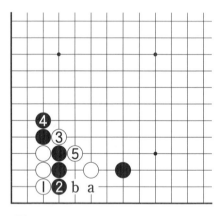

4도

4도(백의 대책 1)

백의 대책으로는 우선 1의 내려섬을 들 수 있다. 이때 흑2로 막으면 이번에는 백3의 끊음이 통렬하다.

흑4로 한점을 살리면 백5의 맥점으로 흑 석점이 잡힌 모습이다. 흑a면 백b의 끼움이 있다.

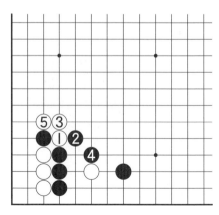

5도

5도(흑, 불만)

백1 때 흑이 하변을 살리려면 2, 4로 모양을 잡아야 하는데 백5로 한점을 잡으면 역시 흑의 불만이다.

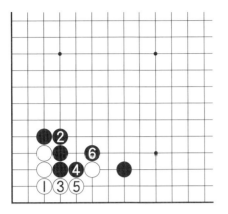

6도

6도(타협)

백1에는 흑2의 이음이 정수. 그러면 이하 6까지 백이 넘어가서 기분 좋지만 흑도 중앙이 두터워 그럭저럭 둘 수 있다.

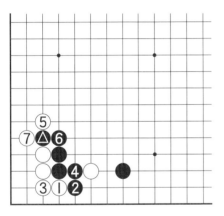

7도

7도(백의 대책 2)

백이 싸움에 자신 있다면 1, 3으로 젖혀이은 후 5의 붙임이 노련하다. 흑6으로 물러서면 백7로 연결해 백의 확실한 이득이다.

흑은 ▲로 찌른 형태가 1도의 정석과 비교해 자충의 모습 아닌가.

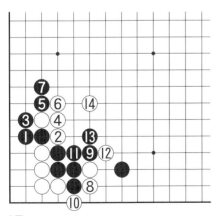

8도

8도(흑, 무리한 차단)

흑1은 백2로 끊겨 무리한 차단이다. 이하 14까지 자연스런 흐름이지만 중앙의 흑 모양이 좋지 못하므로 백이 우세하다.

접바둑에서 한칸 뛰고 붙이는 수법

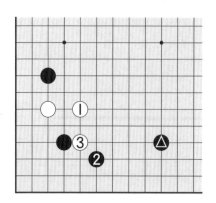

■ 화점 한칸협공에서 백1로 한 칸 뛰고 흑2의 날일자로 받을 때 백3으로 붙인 장면이다.

보통 흑▲가 놓인 접바둑에서 나올 수 있는 변화인데, 그 노림과 대책에 대해 알아본다.

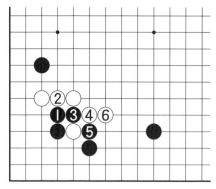

1도

1도(노림)

일단 흑은 1, 3으로 나가고 싶어진다. 이하 6까지 백 한점을 잡을 수 있지만 그 사이 백의 외곽이 두터워진다.

그러면 흑은 허점이 생긴 귀와 약해진 좌변에 대해 신경을 써야한다.

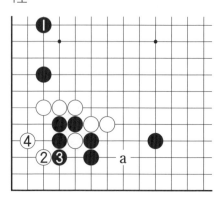

2도

2도(백, 충분)

흑1로 변을 지키면 백2의 3三침입이 날카롭다.

다음 흑3과 백4 정도인데 백이 귀를 차지하고 a의 침입도 남아 충분하다.

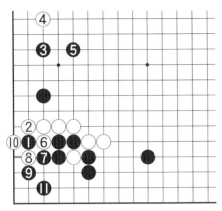

3도

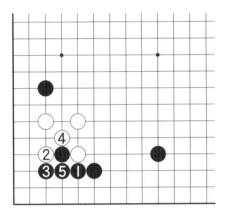

4도

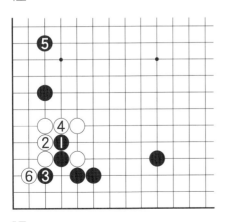

5도

3도(백, 충분)

흑1, 3이면 귀와 변 모두를 지키는 것 같지만 상대적으로 좌변이 약해진다.

　백은 4로 변에서 공격해보고 흑5로 지키면 이번에는 귀에서 6 이하 10으로 두텁게 흰돌을 선수로 잡아 충분하다.

4도(흑, 당한 결과)

처음으로 돌아가서 흑1로 막는 것이 보통이다.

　이때 백은 2로 다시 붙일 예정이다. 흑3으로 받으면 백4의 단수가 기분 좋아 흑이 당한 결과이다.

5도(흑의 대책)

앞 그림의 2에 흑은 1, 3으로 귀를 처리하는 것이 좋다.

　그러면 백4로 연결해야 하는데, 이때 흑은 상황에 따라 귀와 변을 선택한다. 만일 흑5로 좌변을 중시하면 백6으로 젖힐 것이다.

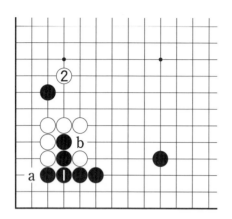

6도

6도(흑이 귀를 중시하는 경우)
흑이 귀를 중시한다면 1의 이음이 간명하다. 그러면 백도 2로 압박하는 흐름이 보편적이다.

흑1로 a면 실리로 이득이지만 b의 활용이 남은 만큼 일장일단이 있다.

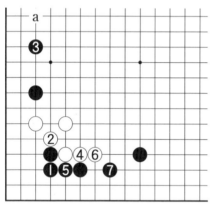

7도

7도(백, 편한 흐름)
이번에는 흑1로 물러서는 변화이다. 그러면 백2의 막음이 두텁고 탄력적이다.

흑3으로 얼른 변에 안정하면 백 4, 6으로 하변을 눌러가서 편한 흐름이다. 차후 백이 a에 다가서면 흑에게 위협이 될 것이다.

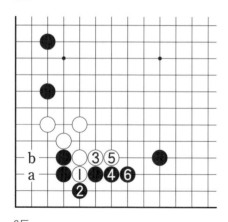

8도

8도(백의 변화)
백은 1로 찔러 귀에 흠집을 만들고 6까지 둘 수 있다.

그러면 차후 a나 b의 기습 침투가 남는다.

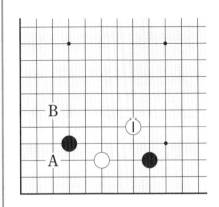

장면 14
화점 두칸협공에서 밭전자 행마

▨ 화점에서 두칸 협공하면 백은 A의 3三침입이나 B의 양걸침이 보통이다.

그런데 백1의 밭전자 행마는 과연 무슨 뜻일까? 그 노림과 대책에 대해 알아본다.

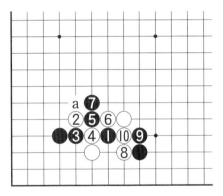

1도

1도(노림)

일단 흑1로 째고 싶을 것이다. 다음 백2의 날일자가 행마법인데 이때 흑3, 5로 나와끊으면 백10까지는 정해진 코스이다.

그런 다음 모양을 보면 하변이 약하고 a의 약점도 노출된 흑의 불만이 역력하다. 백의 노림이었다.

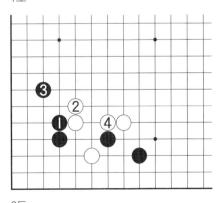

2도

2도(백, 두터움)

앞 그림의 2에 흑1, 3으로 좌변을 움직이면 백4로 막은 백의 자세가 대단히 두텁다. 역시 백이 원하는 코스이다.

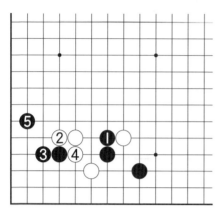

3도

3도(공격적 대책)

흑은 1로 중앙 쪽부터 나가는 것이 좋다. 다음 흑은 귀는 귀대로 5까지 처리할 수 있어 충분한 모습이다.

　흑이 공격적으로 대처하려면 이런 진행이 좋을 것이다.

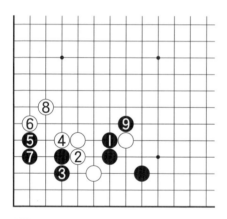

4도

4도(흑, 편한 흐름)

흑1에 백이 2, 4로 귀의 수순을 비틀면 흑5의 날일자가 행마법이다.

　이하 9까지 되면 양쪽을 처리한 흑이 편한 흐름이다.

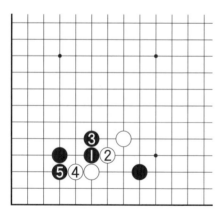

5도

5도(흑, 만족)

처음으로 돌아가서, 흑1의 붙임도 생각할 수 있다.

　만일 백2, 4로 응수하면 백 모양이 좋지 않아 흑의 만족이다.

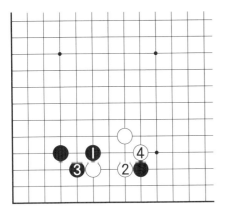

6도

6도(무난한 대책)

흑1에는 백2의 붙임이 경쾌하다. 다음 흑3과 백4로 서로 정돈하면 호각의 갈림이다.

흑이 무난하게 두자면 이런 흐름도 좋을 것이다.

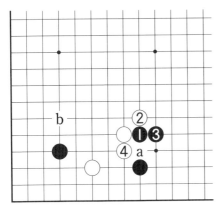

7도

7도(백, 편한 흐름)

흑1, 3으로 붙이고 느는 것은 백4 다음 흑이 별 재미없다.

백은 a로 나와 끊어 안정하는 수와 b의 공격을 맞봐 편한 흐름이다.

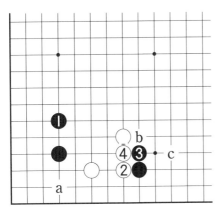

8도

8도(백, 충분)

흑이 아예 1로 귀를 지키면 백2, 4로 보강해서 충분하다.

다음 흑의 응수에 따라 백은 a의 달림이나 b의 두터운 막음, c의 공격을 선택할 수 있다.

상대를 유인하는 두칸벌림의 속셈

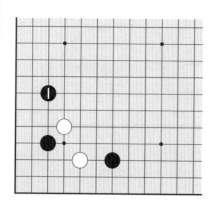

▨ 소목 한칸협공 정석에서 흑1
로 묘하게 두칸 벌린 장면이다.
권투에서 가드를 내리고 상대
를 유인하는 모양과 흡사한데 그
노림과 대책에 대해 알아본다.

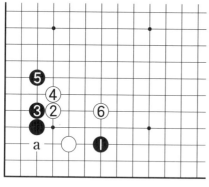

1도

1도(보통)

흑1의 협공에 대해 백이 중앙을 중
시하고 싶다면 2, 4의 선수 후 6의
모자가 보통이다.

물론 백6으로는 a에 붙여 귀에서
변화를 모색하는 방법도 있다.

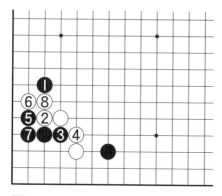

2도

2도(함정 코스)

흑1에는 일단 백2로 막고 싶은 것
은 당연하다. 다음 흑3, 5로 젖힐
때가 기로이다.

이때 백이 6, 8로 따라 막으면
함정 코스로 접어든다.

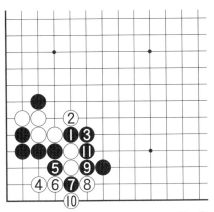

3도

⑫…❼

3도(활용)

계속해서 흑1의 끊음이 통렬하다. 백2, 4로 귀를 공격할 때 흑은 5 이하 12까지 이쪽을 조여붙이며 활용하는 것이 좋다.

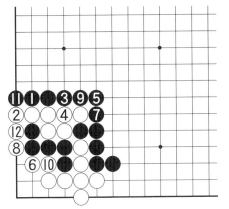

4도

4도(흑, 철벽)

그러면 이런 형태가 되지만, 여기서 다시 흑이 1 이하로 바깥을 조이면 백은 12까지 고작 흑 5점을 잡으며 망한 모습이다.

흑의 세력이 빈틈이 없이 막강한 모습이다.

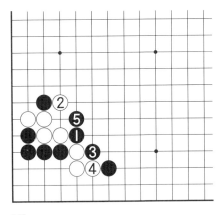

5도

5도(백, 곤란)

흑1로 끊을 때 봉쇄를 피해 2로 두면 흑3의 압박이 좋다.

백4가 버팀이지만 흑5로 나가면 백이 양쪽이 약해 곤란한 모습이다.

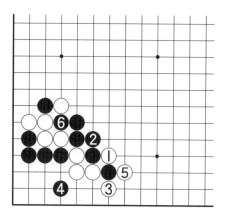

6도

6도(흑, 만족)

백1, 3으로 하변부터 응수를 물으면 흑은 4로 우선 귀를 돌본 후 6으로 끊는다.

그러면 백 넉점이 움직이기 어려워 흑의 만족이다.

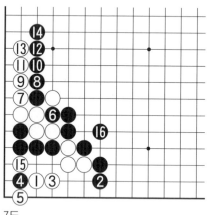

7도

7도(막강한 외세)

5도 다음 백1로 귀부터 공격하면 이번에는 흑2, 4로 활용한 후 6으로 역시 끊는다.

그러면 백이 7 이하 밀어간 후 15로 귀는 잡지만, 16으로 지킨 흑의 외세가 너무 막강하다.

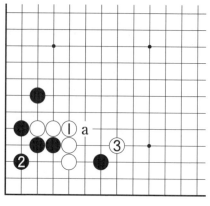

8도

8도(백의 대책)

거슬러 올라가 2도의 5에 백은 1이나 a로 잇는 것이 함정에 걸리지 않는 침착한 대응이다.

그러면 흑2로 지킬 때 백3으로 압박해 활발한 모습이다.

소목에서 한칸 받은 후 안쪽 젖힘

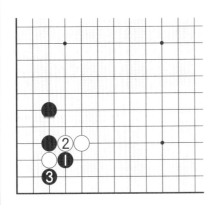

▨ 소목 한칸받음 정석에서 흑1, 3으로 안쪽에서 젖힌 후 단수는 나올 수 있는 변화이다.

이 과정에서 함정 코스가 있는 데, 그 노림과 대책에 대해 알아 본다.

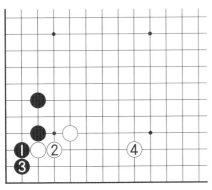

1도

1도(정석)

장면과 다른 코스이지만 흑1로 바깥에서 젖히면 백4까지 알기 쉬운 정석이다.

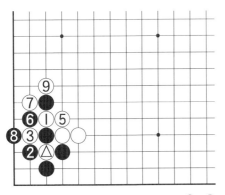

2도   ❹…△

2도(1차 노림)

우선 백1, 3의 단수로 대항하고 싶을 것이다.

그러면 흑4로 이은 후 백9까지 필연인데 축은 백이 유리하다 치더라도 부분적으로 흑이 좋고 축머리 활용도 있어 백의 불만이다.

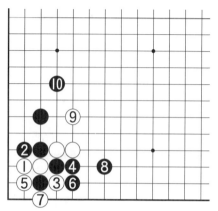

3도

3도(2차 노림)

백1로 일단 키우는 것이 요령이다. 흑2 때 백3, 5로 귀를 살리면 다시 흑의 작전에 말린다. 이하 10까지 되면 흑이 우세한 국면이다.

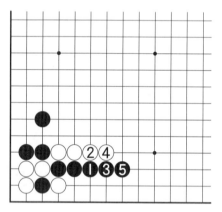

4도

4도(흑의 변화)

앞 그림의 6으로는 흑1에 느는 변화도 가능하다. 그러면 백은 2, 4로 밀어놓은 다음~

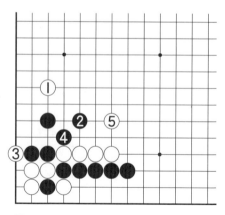

5도

5도(백, 불리)

백1로 좌변을 압박하더라도 흑2면 백3으로 귀의 손질이 필요하다.

다음 흑4와 백5로 지키는 흐름인데 어딘지 기반이 약한 백이 불리한 국면이다.

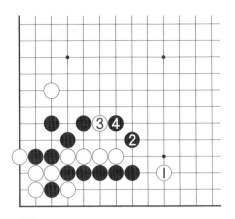

6도

6도(백, 잡힘)

앞 그림의 5로 지키지 않고 백1로 하변을 압박하면 흑2로 중앙 백이 잡힌다. 백3에는 흑4의 붙임이 맥점이다.

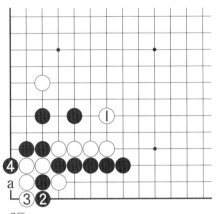

7도

7도(귀가 잡힌다)

귀는 손질이 필요하다 했지만, 만일 백1로 손을 빼면 흑2, 4의 수순으로 귀가 잡힌다. 다음 백은 a로 막을 수 없다.

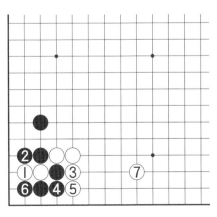

8도

8도(백의 대책)

그럼 백의 대책은 무엇일까? 실은 귀에 연연하지 않고 백1로 키운 후 7까지 타협하는 것이 좋다. 정석이기도 하다.

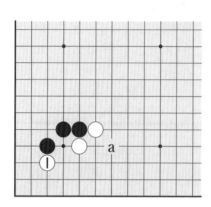

장면 17

소목 위붙임에서 젖히고 3三붙임

▨ 소목 위붙임 정석에서 백1로 3三에 붙인 장면이다.

보통은 a의 이음을 많이 두는데 서둘러 붙인 것은 이색적이다. 그 노림과 대책에 대해 알아본다.

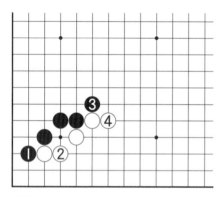

1도

1도(노림)

흑1, 3으로 젖히기만 하면 싸움 없이 서로 알기 쉽게 정리된다.

이러면 귀로부터 하변의 폭이 넓은 백이 만족이다. 백의 노림대로 되었다.

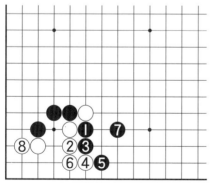

2도

2도(흑, 허술)

일단 흑1로 끊고 볼 일이다. 백2로 움직일 때가 문제인데 흑3 이하 7로 처리하면 백8로 귀를 확실히 차지한 백이 다소 우세하다. 봉쇄한 흑이 허술하기 때문이다.

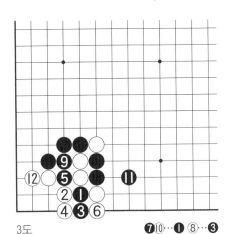

3도

⑦⑩…❶ ⑧…❸

3도(끊고 조임)

앞 그림의 3으로 둔 이상 흑1의 끊음도 생각할 수 있다.

백2로 잡을 때 흑3으로 키운 후 5 이하 조이고 백이 모두 받으면 흑11과 백12로 서로 하변과 귀를 지킬 것이다. 여기까지 필연이다.

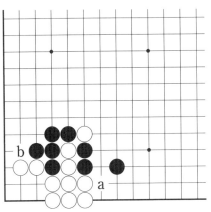

4도

4도(흑, 유연한 모양)

그러면 이런 형태가 되는데, 흑은 이후 상황에 따라 a나 b를 활용할 수 있다.

그런 점을 감안하면 중앙이 끊겨 있더라도 흑이 선수로 유연하게 둘 수 있는 모양이다.

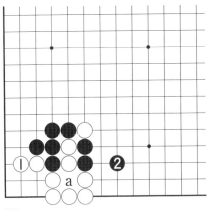

5도

5도(묘미)

실은 3도의 9에 백은 잇지 않고 1로 귀를 지키는 것이 묘미가 있다.

그러면 흑은 2나 a로 따낼 텐데, 지금 상황이라면 귀에 분명한 활용이 없는 만큼 백이 선수로 유연하게 대처한 모양이다.

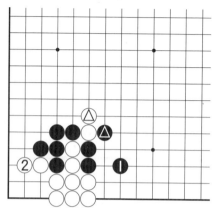

6도

6도(전투)

흑이 3도처럼 다 조이고 싶다면 미리 흑❷와 백❷를 교환하면 된다.

그러면 최종 흑1과 백2로 지키는 모양이 되는데 앞으로의 전투가 관건이다.

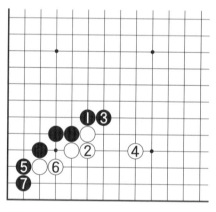

7도

7도(간명한 대책 1)

처음으로 돌아가 흑1, 3으로 중앙에 머리를 내미는 방법도 있다. 그러면 대략 7까지의 진행이 서로 무난하다.

백이 귀를 중시하고 싶다면 4로 5에 내려서면 된다.

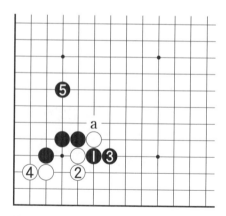

8도

8도(간명한 대책 2)

흑1로 끊고 나서 알기 쉽게 두자면 3으로 느는 수단도 있다. 백4로 귀를 지키면 흑5 정도로 벌려둔다. 근래 많이 사용되는 정석이다.

이때 흑5로 a의 축이 가능하더라도 축머리를 이용당할 여지가 있으니 이렇게 두는 것이 유연한 발상이다.

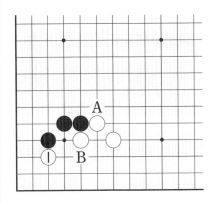

장면 18
소목 위붙임정석 이후 귀의 붙임

소목 한칸걸침에서 흑이 위로 붙여 나온 정석 모양이다. 백1이 오기 전에 흑은 A로 젖혀 중앙에 나가거나, B로 붙여 귀를 중시하는 것이 보통이다.

흑이 손을 빼자 백1로 먼저 붙여온 장면인데, 그 노림과 대책에 대해 알아본다.

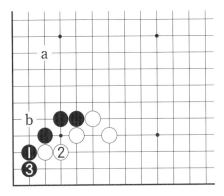

1도

1도(노림)

흑1, 3으로 물러서면 활용당한 모습이다.

백의 노림은 여기에 있다. 다음 백이 a쯤 다가서면 b의 활용도 있어 흑 모양이 궁색하다.

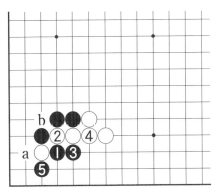

2도

2도(흑의 대책)

따라서 흑은 1의 젖힘으로 반발하는 것이 보통이다.

백2의 끊음은 당연한데 흑3, 5의 단수는 필연 수순이다. 다음 백a로 나가면 흑b로 이어 백이 곤란하므로~

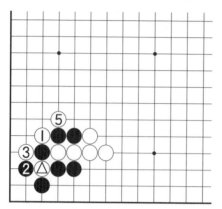

3도

❹‥△

3도(호각)

백은 1, 3을 결정한 후 5로 두점을 잡는 것이 보통이다. 이때 축은 당연히 백에게 유리해야 한다.

백이 대단히 두텁지만 흑도 귀의 실리와 축머리 이용도 있어 호각의 갈림이다.

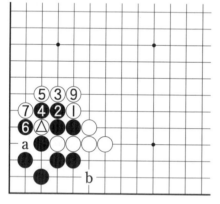

4도

❽‥△

4도(백의 일책)

백은 축이 불리하거나 축머리 이용이 신경 쓰이면 1쪽에서 단수해 9까지 두텁게 정리해도 좋다.

이때 백은 a의 단수를 결정하지 않는다. 그래야 차후 b쪽에서 조금이라도 이득이 생길 여지가 있다.

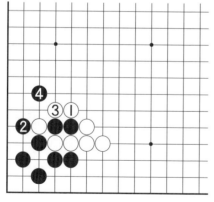

5도

5도(흑의 변화)

백1에 대해 흑은 2, 4로 두점을 버리고 좌변에 진출할 수 있다.

앞 그림처럼 백의 봉쇄가 싫은 경우라면 흑은 이 진행을 생각할 수 있다.

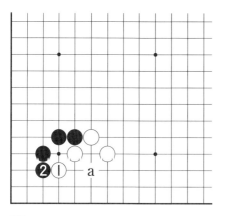

6도

6도(백, 미흡)

애초 백이 귀에 붙이지 못하고 1과 흑2의 교환이라면 귀에서 손해를 보는 결과이다. a의 약점도 노출된 백이 미흡하다.

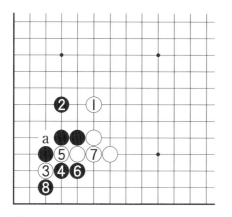

7도

7도(백, 곤란)

백이 달리 둔다면 1의 중앙 한칸이 두텁다. 그러면 흑2의 한칸으로 받는 것이 보통이다.

이때 백3에 붙이는 것은 금물이다. 흑4 이하 8이면 이제는 백이 a에 끊어도 소용없다.

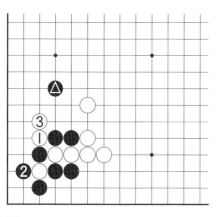

8도

8도(차단)

그런데 흑▲로 두칸 벌림이라면 앞 그림과 같은 진행일 때 이번에는 백1, 3으로 흑 모양이 차단된다.

이처럼 부분적으로 좋다고 흑이 무심코 크게 벌리지 않도록 주의할 일이다.

고목 날일자씌움 정석에서 (1)

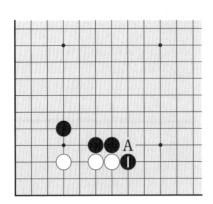

▨ 이 모양은 고목 날일자씌움에서 축이 유리한 백이 밀고나갈 때 흑1로 젖힌 장면이다.

보통은 A로 늘어두는 것이 간명한 정석인데 흑1의 속셈은 무엇일까? 그 노림과 대책에 대해 알아본다.

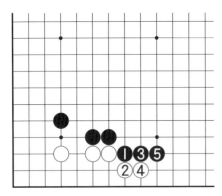

1도

1도(1차 노림)

흑1의 젖힘에 대해 백2, 4로 기어나가는 것은 보기에도 굴복이다. 흑이 일차적으로 원하는 그림이다.

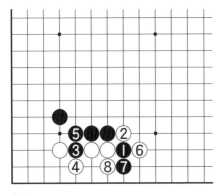

2도

2도(백이 끊는 경우)

바둑은 보통 기는 것보다 끊는 것이 기세이다. 흑1에 일단 백2의 끊음을 생각할 수 있다. 그러면 흑3의 끼움이 맥점이다.

이때 백4 이하 8의 수순으로 몰아가면 얼핏 흑이 괴로울 것 같지만~

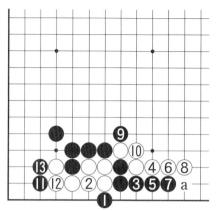

3도

3도(2차 노림)

흑은 1 이하 7로 기어나간 다음 9의 단수를 결정하고 11의 치중이면 귀의 백은 죽음이다.

백12에 이어봤자 흑13에 조이면 백이 a에 막더라도 1수 부족이다. 흑의 이차적 노림일 것이다.

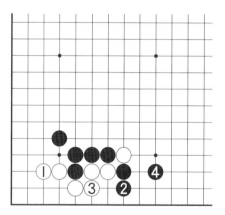

4도

4도(흑, 편한 흐름)

따라서 2도의 5에 백은 1로 귀를 지키는 정도인데 흑이 2, 4로 자세를 잡기만 해도 편한 흐름이다.

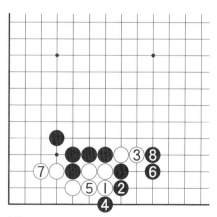

5도

5도(흑, 힘찬 모습)

이 상황에서 백1로 변쪽을 먼저 지키면 역시 흑2로 일단 막는다.

백3으로 움직여보지만 흑4, 6이면 백7로 귀를 지켜야 하는데 흑이 8로 올라서면 힘찬 모습이다. 앞 그림과 별반 다르지 않다.

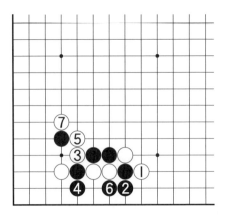

6도

6도(타협)

2도 흑3으로 끼울 때 백은 1의 단수 다음 3으로 위에서 단수치는 것이 어려움을 푸는 수순이다. 그러면 7까지 바꿔치기 진행이 예상되지만 이 정도면 타협이다.

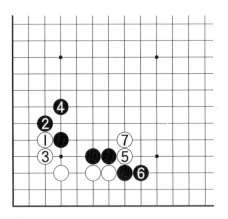

7도

7도(백의 대책)

처음으로 돌아가서 백은 1, 3으로 귀를 재빨리 결정한 후 5의 끊음이면 확실하다.

그러면 흑6과 백7의 흐름이 예상되지만 귀의 실리를 확보한 백이 충분하다.

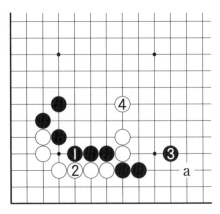

8도

8도(이후의 진행)

조금 더 수순을 진행하면 흑은 1을 선수한 후 상황에 따라 3이나 a로 하변을 지킬 것이다.

그러면 백은 4로 움직이며 현재 미생이지만 양쪽 흑을 원거리에서 노릴 수 있다.

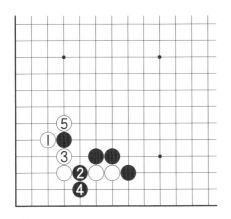

9도

9도(흑, 두터움)

백1에는 역시 흑2의 끼움이 부분적으로 맥점이다.

　백이 내친김에 3, 5로 변화를 꾀하면 6도와 비교해 흑이 두터운 결과이다.

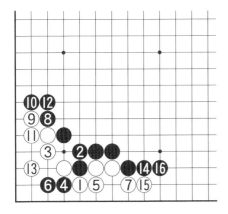

10도

10도(백, 망한 결과)

앞 그림의 2에 백은 1의 단수 다음 3으로 끄는 것이 좋은 수순이다. 그러면 흑4의 끊음도 좋은 타이밍. 이때 백5로 이으면 흑은 6으로 나간 후 16까지 이쪽저쪽을 봉쇄해 너무나 두텁다.

　귀의 흑 두점을 미끼로 백이 망한 결과이다.

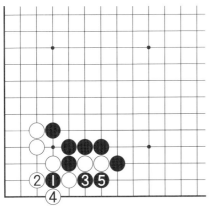

11도

11도(백2, 정수)

흑1에는 끊은 쪽을 잡으라는 격언대로 백2의 단수가 정수이다.

　그러면 흑3, 5로 두점을 잡는 흐름인데 흑이 두텁지만 백도 귀를 확보하고 좌변도 터져 있으며 선수라 충분하다.

73

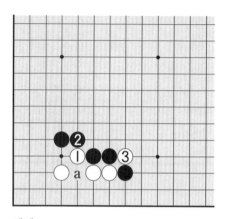

예제

▦ 예제 (흑 차례)

장면 다음 백1, 3으로 조이고 끊은 모양이다.

앞에서 흑a의 끼움이 맥점으로 작용한 터라 백이 이를 차단하며 먼저 둔 것인데, 과연 흑의 대응책은 무엇인지 알아보자.

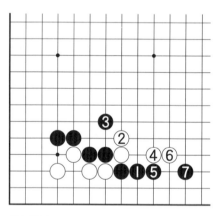

참고도 1

참고도 1(필연)

일단 흑1은 당연한 수이다. 그러면 이하 7까지 중앙과 변에서의 공방은 필연 수순인데 다음 백은 귀와 중앙의 선택이 기다린다.

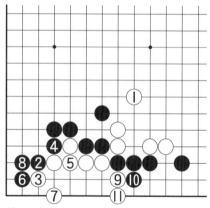

참고도 2

참고도 2(중앙을 두면?)

중앙만 생각하면 백1의 진출이 경쾌하다. 그러면 흑은 2 이하 8로 귀를 압박해간다.

결국 백은 11까지 살아야 하는데 이처럼 귀가 다쳐서는 불만이다.

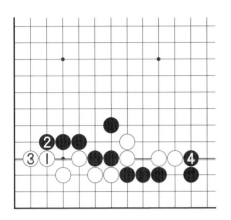

참고도 3

참고도 3(귀를 두면?)

참고도 1 다음 백1, 3이면 귀를 최대한 지키지만 흑4로 밀어 올리면 이번에는 중앙 백이 시달린다.

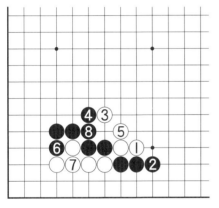

참고도 4

참고도 4(백의 변화)

처음으로 돌아가서, 백1로 변쪽을 밀고 3으로 변화를 구해본다.

이하 8까지 알기 쉬운 필연의 진행인데~

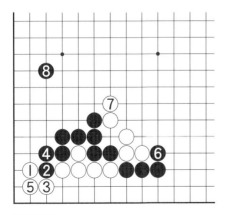

참고도 5

참고도 5(흑, 유리)

아무래도 백1로 귀를 지켜야 할 때 흑2, 4는 선수이고 6의 꼬부림이 두터운 자리이다.

백7도 요소이고 흑8의 벌림까지, 중앙 백이 미생인 데 비해 양쪽 변이 단단한 흑이 유리한 결과이다.

고목 날일자씌움 정석에서 (2)

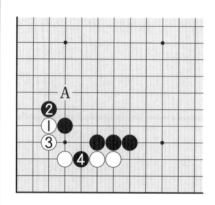

▨ 고목 날일자씌움 정석에서 백 1, 3으로 귀를 차지하면 보통은 흑이 A로 호구쳐 두텁게 지킨다.

그런데 흑4로 끼워 변화를 구한 장면이다. 이 수의 노림과 대책에 대해 알아본다.

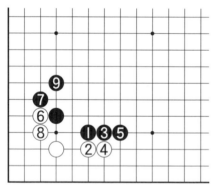

1도

1도(기본 정석)

고목에서 흑1의 날일자로 씌울 때 백은 축이 유리하면 2로 붙여 흑3에 늘게 한다. 이하 9까지는 기본 정석이다.

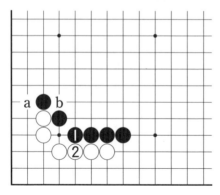

2도

2도(흑이 선수를 잡는 방법)

이 모양에서 흑이 선수를 잡고 싶다면 재빨리 1과 백2를 교환하는 방법도 있다.

차후 상황에 따라 백은 a의 젖힘이나 b의 끊음을 선택할 수 있다.

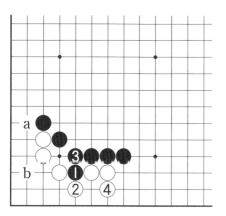

3도

3도(흑의 노림)

장면으로 가서 흑1로 끼울 때 백2, 4로 물러서는 것은 굴복이다.

그러면 2도와 비교해 백 모양이 좋지 않다. 차후 흑a가 오면 b의 약점이 노출된다.

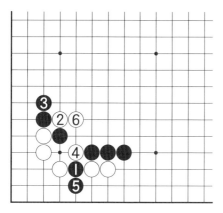

4도

4도(백의 대책)

흑1에는 백2쪽 끊음이 효과적이다. 흑3이면 백4로 위쪽에서 단수하고 6으로 늘어 중앙 돌파가 가능하다.

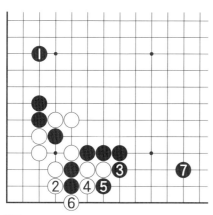

5도

5도(흑, 불리)

계속해서 흑1로 좌변 벌림이 급하다. 그러면 백2로 두점을 잡고 흑은 7의 벌림까지 예상된다.

흑은 양쪽 변을 처리했지만 백의 실리가 크고 중앙도 터져있어 흑이 불리한 결과이다.

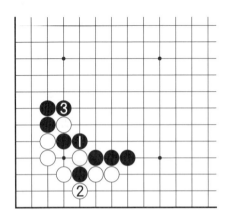

6도

6도(백, 충분)

4도의 4에 흑1로 단수하고 3으로 지키면 중앙은 두텁게 처리할 수 있다.

다만 백이 한점을 따내며 선수로 처리한 모양이라 충분한 결과이다.

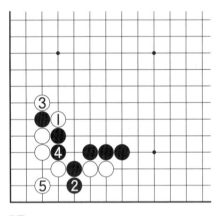

7도

7도(호각)

백1의 끊음에는 흑도 2로 돌파하는 것이 기세이다.

그러면 백3으로 한점을 잡고 흑4와 백5로 두텁게 선수해서 호각의 갈림이다.

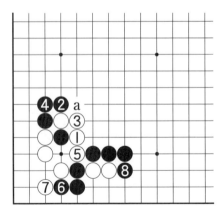

8도

8도(백, 불리)

앞 그림의 3 대신 백1로 중앙 한점을 잡으면 흑2, 4로 단수치고 잇는 것이 좋은 수순이다. 다음 백5가 급소이지만 흑6, 8로 받아둔다.

차후 a가 흑쪽에 두터운 곳이라 백이 불리한 모양이다.

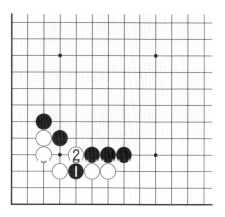

예제

⊞ 예제 (흑 차례)

흑1로 끼울 때 이번에는 백이 2로 위에서 먼저 단수했다.

그러면 흑이 어떻게 처리해야 할지 알아보자.

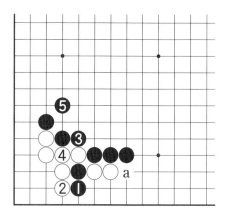

참고도 1

참고도 1(흑, 두터움)

일단 흑1로 나가는 것은 당연하다. 백2로 잡으면 흑3, 5로 중앙을 지켜 a의 막음도 선수로 듣는 만큼 흑이 대단히 두텁다.

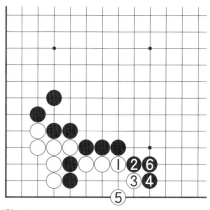

참고도 2

참고도 2(이단젖힘)

다음 백1로 밀고 나가더라도 흑2, 4의 이단젖힘이 가능해 6까지 흑은 더욱 두터워진다.

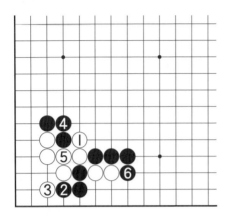

참고도 3

참고도 3(백, 불만)

백이 2로 잡는 대신 1로 중앙 돌파가 좋겠지만, 다음 흑2의 꼬부림이 요점이다.

　백3에는 흑4, 6으로 처리해 백은 귀가 허술한 만큼 불만이다.

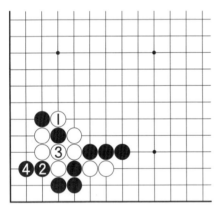

참고도 4

참고도 4(흑, 우세)

그렇다고 앞 그림의 2에 백1로 한 점을 끊어 잡으면 흑2, 4로 귀가 파여 역시 흑이 우세한 결과이다.

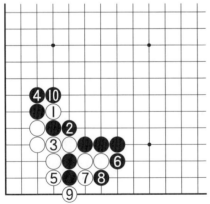

참고도 5

참고도 5(흑, 두터움)

백1부터 끊고 3으로 이으면 흑4로 늘어둔다.

　다음 백5로 두점을 잡으면 흑6, 8을 선수한 후 10으로 중앙을 지켜 **참고도 1**과 같이 흑이 두터운 결과이다.

PART 2

정석 활용

-요점과 이후의 형세

화점 날일자달림에 뒤붙임 정석에서

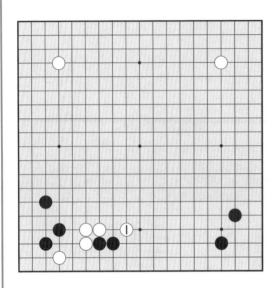

■ 화점과 소목 굳힘 포석에서 좌하 방면은 백이 화점에 걸치고 날일자로 달릴 때 흑이 뒤에 붙여서 파생된 정석 변화이다.

백1로 씌운 장면인데 이후 어떻게 활용해 가는지 알아본다.

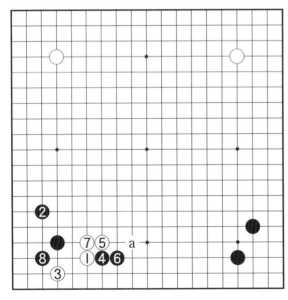

1도

1도(과정)

백1, 3에 흑4의 붙임은 우하 소목 굳힘을 최대한 활용하려는 작전이다.

백5로 젖히고 7로 두텁게 이은 것은 8로 귀를 받게 한 다음 하변을 노리려는 뜻이다. 역시 장면에서 백은 a로 씌워 강하게 압박했다.

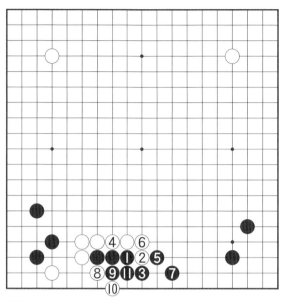

2도

2도(흑이 눌리다)

흑1로 밀면 백2, 4의 수순으로 틀어막는 것이 요령이다.

흑5, 7로 지키면 백8, 10을 선수해 흑이 눌리는 모습이다.

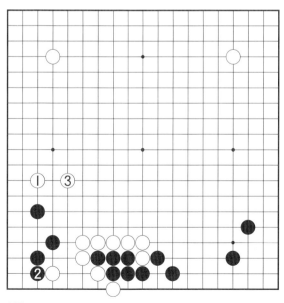

3도

3도(흑의 작전 실패)

이후 백1, 3으로 귀를 위협하며 영역을 넓히면 백진이 웅장한 모습이다.

하변을 키우려는 흑의 작전은 실패가 되었다.

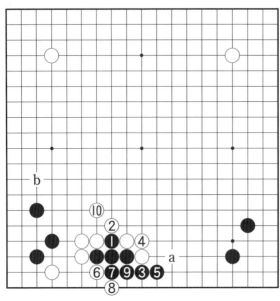

4도

4도(백이 판을 주도한다)
2도의 2에 흑1로 찔러 약점을 강조하고 3, 5로 머리를 내밀면 백6, 8을 선수한 후 10에 지키기만 해도 두텁다.

다음 백은 a와 b를 맞보면서 판을 주도할 것이 뻔하다.

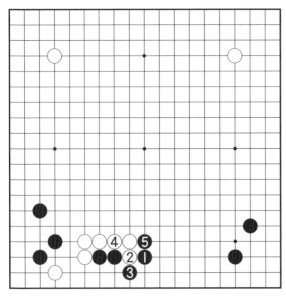

5도

5도(가벼운 행마)
처음으로 돌아가, 흑1로 뛰는 것이 압박을 피하는 가벼운 행마이다.

백2, 4로 찌르고 막을 때 흑5로 밀어 올리는 것이 요령이다.

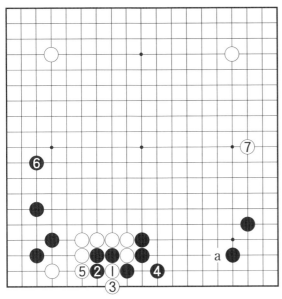

6도

6도(정석의 요점)

계속해서 백1, 3으로 키
우는 것이 요점인데 흑도
4의 호구가 탄력적 지킴
이다. 그러면 백5로 석점
을 잡는 데까지 부분적
정석이다. 다음 흑6과 백
7의 벌림은 모두 큰 곳.

　참고로 차후 흑진을 부
수자면 좌하변 백이 단단
한 만큼 깊숙히 a의 붙임
이면 좋을듯한데 일종의
가벼운 게릴라전법이다.

7도

7도(전국적 관점)

앞 그림의 5 다음 흑1, 3
으로 우변 건설을 선택해
도 된다.

　그러면 백은 4, 6으로
은근히 좌변과 중앙을 연
동해서 활용하는 것이 전
국을 바라보는 태도이다.

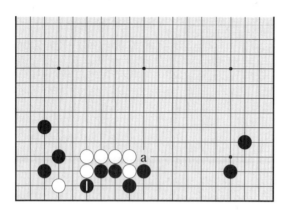

예제1

▦ 예제1 (백 차례)

이 상황에서 흑은 a로 밀지 않고 1로 젖혀왔다.

그러면 백은 어떻게 대응할지 생각해본다.

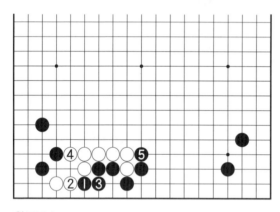

참고도 1

참고도 1(흑의 하변 경영)

흑1에 백2로 따라 막으면 흑3의 이음이 선수가 되며 5로 밀어 올려 자연스럽게 약점을 지키며 하변을 보기 좋게 경영한다.

백은 멀대와 같이 키는 크지만 근거가 없으니 곤마 아닌가.

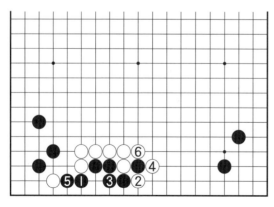

참고도 2

참고도 2(백, 두터움)

흑1에는 백2로 끊을 타이밍이다.

그러면 흑3, 5로 한점은 잡지만 백4, 6으로 따낸 모습이 군더더기 없이 매우 두텁다.

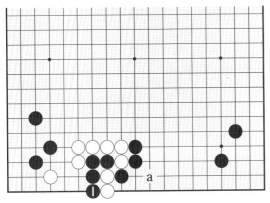

예제2

▦ 예제2 (백 차례)

이 상황에서 흑이 a로 호구 치지 않고 1로 두점을 잡으려 한다.

그러면 백은 어떻게 대응할지 생각해본다.

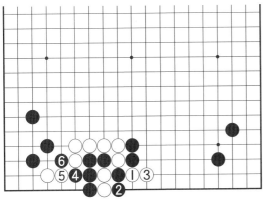

참고도 1

참고도 1(수상전)

조금만 생각해도 답이 나온다. 백1, 3으로 늘면 그뿐.

그러면 흑4, 6에 끊어 귀와 수상전이 문제인데~

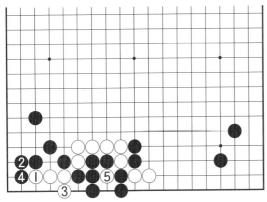

참고도 2

참고도 2(흑, 죽음)

백1이면 수가 늘어난다. 이하 5까지 보듯이 백이 1수가 빠른 흑의 죽음을 확인할 수 있다.

한칸협공에 3三침입 정석을 배경으로

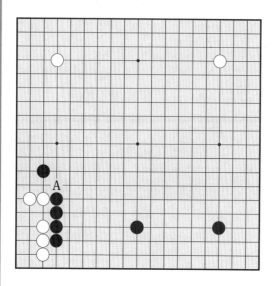

▨ 삼연성 포석에서 좌
하 정석 변화가 나왔다.
한칸협공에 백이 3三
에 침입해서 생긴 형태
인데 이후 A의 맛을 둘
러싸고 어떻게 활용해
가는지 알아본다.

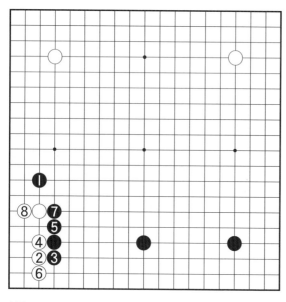

1도

1도(과정)
출발은 흑1의 한칸협공
에 백2의 3三침입이다.
다음 흑3, 5에 백6으
로 내려선 것은 단단한
집을 짓겠다는 뜻이다.
흑7에 백8은 효율적 수
비법이다.

장면 2

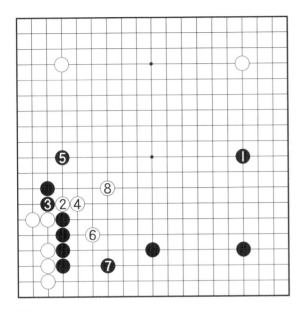

2도

2도(흑이 손을 빼는 경우)
흑1의 벌림은 발 빠르게 두겠다는 뜻이다. 그러면 백은 2의 젖힘을 노리는데 일단 8까지 예상되는 진행이다.

　백은 이처럼 중앙에 틀을 잡은 후 좌변 공격이나 하변의 엷음을 노릴 것이다.

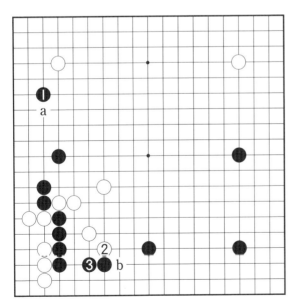

3도

3도(하변 파괴)
흑1(혹은 a)로 좌변을 보강하면 백2로 붙여보는 것이 맥점이다.

　흑3에 후퇴하면 백은 b로 젖혀 흑 모양을 무너뜨린다.

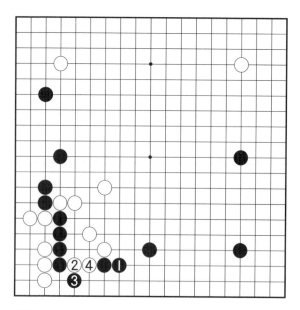

4도

4도(차단)

앞 그림의 2에 흑1로 늘면 변은 안전하지만 백2의 붙임이 급소로 좌측 흑 넉점이 차단된다. 흑3은 백4로 무의미하다.

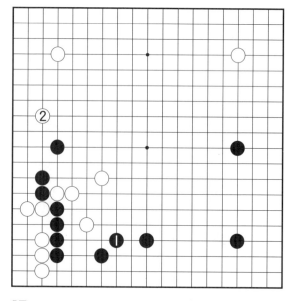

5도

5도(백, 편한 전투)

하변 모양의 엷음을 흑1로 지키면 이번에는 백2로 좌변을 공격할 예정이다. 그러면 중앙 전투로 번지겠지만 실리에 앞선 백이 약간이라도 편할 것이다.

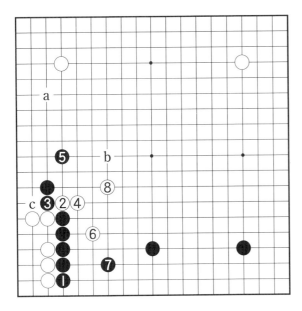

6도

6도(간접적 보강)

처음으로 돌아가, 흑1의 막음이면 하변 실리도 생각한 간접적 보강이다. 이번에도 백2로 젖히면 역시 8까지는 틀.

이제 흑은 하변이 안전하므로 a의 걸침이나 b의 공격 등 좌변으로 향할 것이다. 차후 흑c도 귀에 선수가 된다.

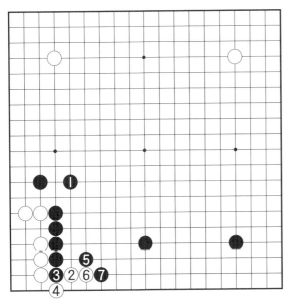

7도

7도(직접 보강한 후)

아예 두텁게 두겠다면 흑1로 직접 보강한다.

이때 백이 처음부터 2로 파고들면 실리에 연연한 속수에 가깝다. 흑은 7까지 차단하며 더욱 두터워질 뿐이다.

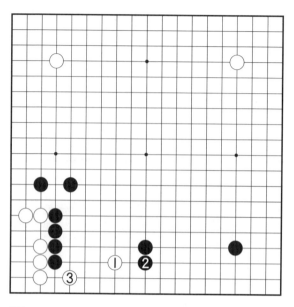

8도

8도(침투 요령)

상대 진영을 부수자면 백 1의 침투가 좋을 것이다.

흑2로 지키면 백3에 넘는 자세가 자연스럽다.

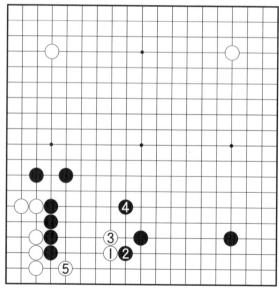

9도

9도(침투 시기가 중요하다)

백1에 흑2, 4로 공격하더라도 백5에 연결하는 것은 보험과 같다.

다만 백도 전체 판세를 보고 침투시기를 결정하면 좋을 것이다.

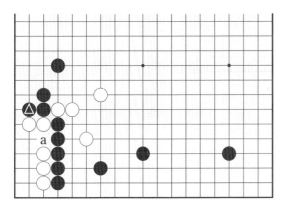

예제

⊞ 예제 (흑 차례)

흑⬤로 막으면 백은 a로 살
아야 한다.

만일 백이 손을 빼면 귀
의 사활은 어떻게 될지 생
각해보자.

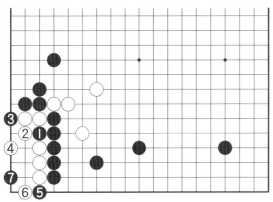

참고도 1

참고도 1(유명한 사활)

먼저 흑1, 3을 선수해둔다.
그런 후 흑5로 젖히고 7의
치중이 결정타이다.

이 수순은 유명한 사활문
제의 단골이기도 하다.

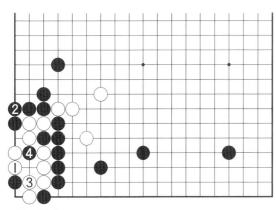

참고도 2

참고도 2(백, 죽음)

다음 백1에는 흑2의 이음이
요령이다.

백3에는 흑4의 먹여치기
로 간명한 죽음이다.

화점 한칸협공에 붙이고 느는 변화에서 (1)

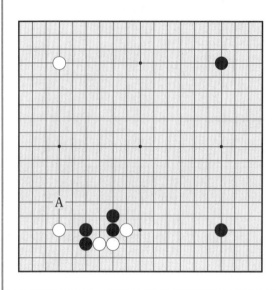

▨ 좌하 방면의 형태는 화점 한칸협공에 흑이 붙이고 느는 데서 나온 변화이다.

이후 백이 A로 한칸 뛰는 선택을 중심으로 어떻게 활용해 가는지 알아본다.

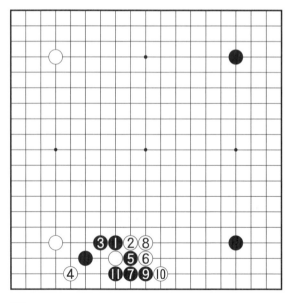

1도

1도(붙이고 끄는 경우)

우선 흑1, 3으로 옆으로 붙이고 끌면 어떻게 될까?

그러면 백4로 귀에서 차단하는 것이 강수이다. 흑5로 끊을 때 이하 11까지 필연이다.

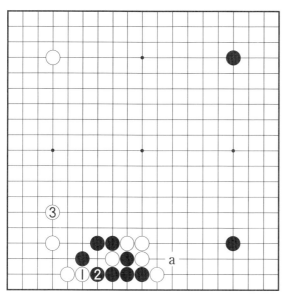

2도

2도(백, 활발)

계속해서 백1, 3으로 근거를 위협하며 귀를 지키는 모양이 활발하다.

흑은 변에서 a로 공격하는 맛은 있지만 부분적으로 무거워 보인다.

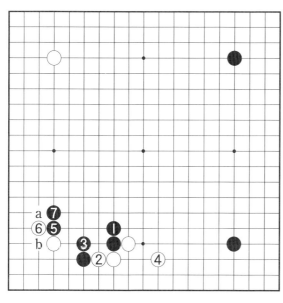

3도

3도(백이 괴로운 변화)

그래서 흑은 붙인 이상 중앙 1로 늘었다. 백2에는 흑3, 장면의 변화이기도 하다.

이때 백4로 하변을 벌리면 흑5, 7로 눌러 백이 괴롭다. 다음 백a는 흑b의 끊음이 통렬하다.

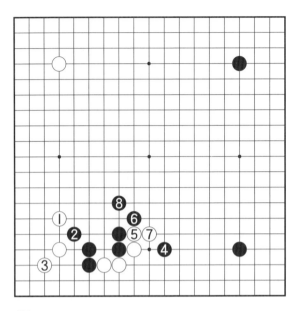

4도

4도(공격의 대가는?)

장면 다음 백1로 한칸 받으면 일단 간명하다. 이때 흑2로 약점을 보완하려 한다면 백3에 귀를 지키는 자세가 좋다.

다음 흑이 하변에서 대가를 얻으려 공격한다면 4의 협공부터 6, 8로 지키는 흐름인데~

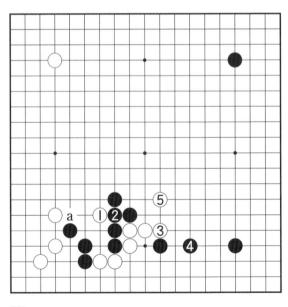

5도

5도(흑, 미흡)

백1로 활용한 후 3, 5로 진출하면 흑은 큰 소득이 없다.

a의 곳도 백이 막으면 두텁지 않은가.

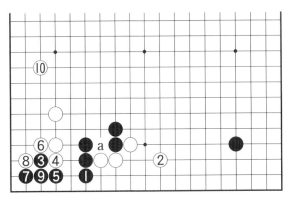

6도

6도(흑, 손해)

여기는 흑1로 내려서는 것이 제격인데 귀와 변을 맞본다. 백2로 하변 지킴이 보통인데 흑3의 3三침입이 자연스럽다. 그런데 백4, 6 때 흑7의 호구는 실리 손해이다. 백은 8의 활용 후 10의 자세가 좋다. a의 끊는 맛도 백의 이점일 것이다.

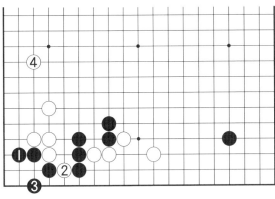

7도

7도(타협)

앞 그림의 6에 흑1이 보통이다. 백2에는 흑3으로 지킨다. 이래야 좌변에 영향을 줄 수 있다.

　서로 이런 정도가 타협일 것이다.

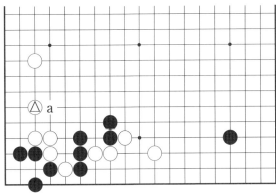

8도

8도(백, 날일자받음일 경우)

애초 백이 a 대신 △의 날일자로 받더라도 앞 그림과 같은 진행은 변함이 없다.

　이런 결과로 타협할 것이다.

장면 4
화점 한칸협공에 붙이고 느는 변화에서 (2)

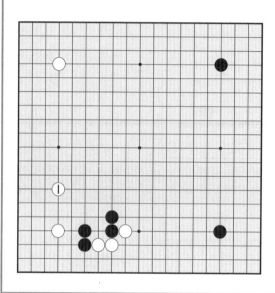

▨ [장면 3]과 같은 환경에서 이번에는 백1의 두칸으로 받았다.

뭔가 효율적이라 판단한 모양인데 과연 그런지 알아본다.

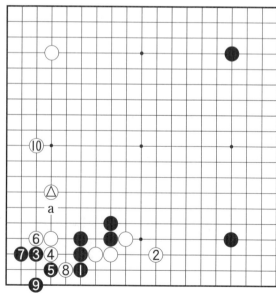

1도

1도(백, 능률적 모양)

역시 흑1이 보통이고 백2의 벌림에 흑3의 침입은 눈에 익었다. 백4에 흑5로 받으면 백은 6, 8을 선수한 후 10으로 모양을 잡는다.

얼핏 타협이지만 백은 a보다 △가 더 능률적이지 않은가. 바로 백의 의도였다.

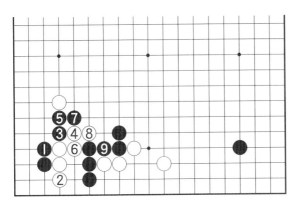

2도

2도(백이 갈라진다)
앞 그림의 4에 흑1의 반발이 좋다.

백2로 차단하면 흑3 이하 백진을 가르며 9의 이음까지 백의 모양이 사납다.

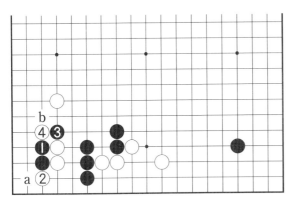

3도

3도(백의 강수에는?)
흑1에 백2로 젖히고 흑3에 백4로 끊어 강하게 나오면 어떨까?

이때 흑이 a로 젖히거나 b로 단수치면 좋은 결과가 없다.

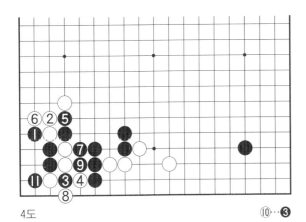

4도   ⑩…❸

4도(조여서 잡는다)
흑1로 단수친 후 3의 끊음이 맥점이다.

백4에 흑5를 선수한 후 7, 9로 조이면 11까지 백이 잡힌 모습이다.

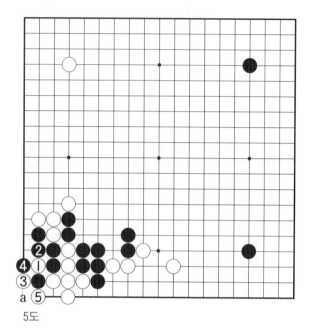

5도

5도(백, 불리한 패)
이 모양에서 백1로 단수
치고 3, 5면 이단패로 버
틸 수는 있지만, 흑이 a
로 따내는 선패이며 어쨌
든 이런 패가 나서는 백
이 불리하다.

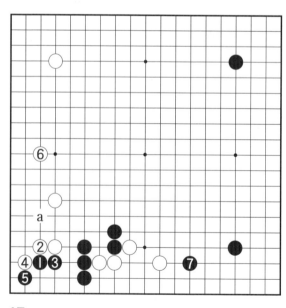

6도

6도(흑, 귀의 모양이 좋다)
따라서 흑1에는 백2 쪽
에서 막을 수밖에 없다.
그러면 흑은 모양 좋게 3
에 넘고 a의 단점이 있는
백은 4의 젖힘 후 6으로
모양을 잡는다.
　흑은 튼실한 귀를 바
탕으로 7로 육박하는 흐
름이 좋다.

한칸 2선으로 귀를 방어하는 변화 (1)

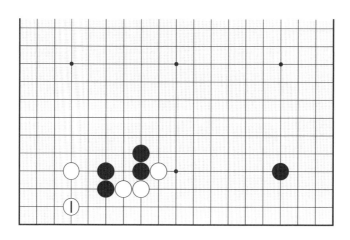

▨ 역시 [장면 3]과 같은 환경에서 백1의 2선 한칸은 아예 귀부터 방어하며 실속을 차리겠다는 뜻인데 이 정석에서 유력한 수법이다. 이후의 변화와 활용에 대해 알아본다.

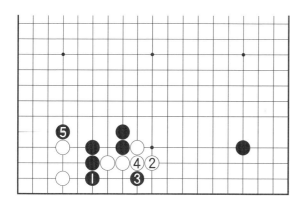

1도

1도(필연 수순)

우선 흑1의 차단은 역시 요소이다. 여기서는 백2의 호구로 지키는데 왜 그런지는 [장면 6]에서 밝혀진다.

다음 흑은 3을 활용한 후 5로 붙여 귀를 압박하는데~

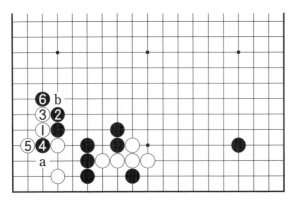

2도

2도(백이 젖히는 경우)

백1, 3으로 젖혀 나가면 흑4로 끊어본 후 6의 막음이 기분 좋다.

다음 백이 a로 따내면 흑이 b로 이어 두텁다.

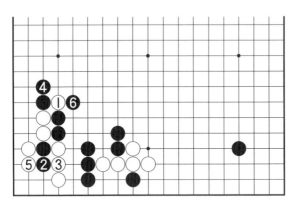

3도

3도(흑, 두터움)

그래서 백1의 끊음이면 흑2로 하나 활용한 후 4로 늘어둔다.

다음 백5로 귀를 보강하면 흑이 6으로 한점을 축으로 잡아 두터운 모습이다.

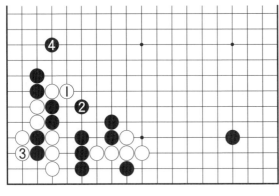

4도

4도(백, 미흡)

앞 그림의 4에 백1로 하나 늘어둔 후 3으로 잡아도 흑4로 좌변을 움직이며 중앙 백 두점을 노리면 역시 백이 전체적으로 미흡한 모습이다.

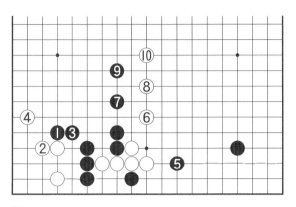

5도

5도(백, 충분)

흑1의 붙임에는 백2로 일보 후퇴한 후 흑3에 백4의 달림이 행마의 경쾌한 리듬이다. 흑5로 하변에 다가설 텐데 백6 이하 10까지 서로 중앙 뜀뛰기지만 백이 앞서 진출하는 모습이므로 충분하다.

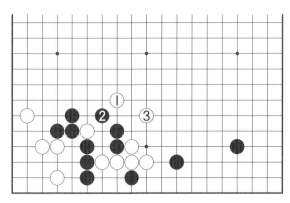

6도

6도(흑, 충분)

앞 그림의 2에 흑1의 마늘모는 행마의 효율을 구한 것인데 백2 자리가 급소이다. 흑3에 보강할 때 백4로 달린다. 흑5로 다가설 때가 초점인데 백6이 상식적인 진출이지만 흑7로 뛰는 자세가 좋다.

7도

7도(대세의 요소)

실은 흑이 뛰었던 그곳, 백1 자리가 대세의 요소이다.

그러면 흑2에 지키는 정도인데 백3으로 진출하면 흑 모양은 위축되고 1과 3으로 연결되는 백 모양이 이상적이다.

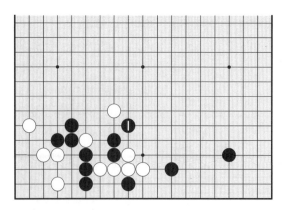

예제

▦ 예제 (백 차례)

이 상황에서 흑1로 나가면
어떻게 될지 생각해보자.

　물론 흑이야 이렇게 두고
싶지만 백의 반격을 각오해
야 한다.

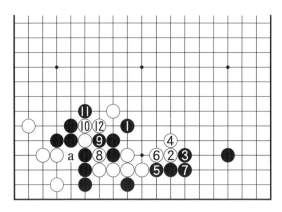

참고도 1

참고도 1(흑의 부담)

흑1에 일단 백2로 붙여 하
변을 돌본다. 흑3 이하 7로
처리하면 백8로 나가 12까
지 중앙 흑진을 차단한다.
그러면 난전이지만 당장 a
의 끊음이 있는 만큼 흑이
부담스럽다.

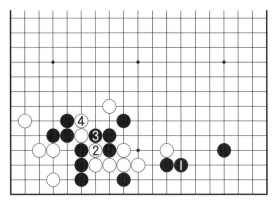

참고도 2

참고도 2(일전불사)

앞 그림의 2에 흑1로 조용
히 늘어도 백은 역시 2, 4
로 나가 일전불사를 외친
다. 마찬가지 흑이 불편한
싸움이다.

한칸 2선으로 귀를 방어하는 변화 (2)

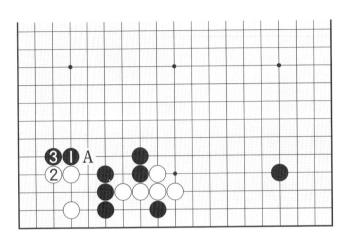

▨ [장면 5]의 과정에서 흑1로 붙이고 백2로 물러설 때 이번에는 흑
3으로 강하게 막았다.

　그러면 A의 약점이 노출되는데 이를 둘러싸고 어떤 변화와 반격
이 기다리는지 알아본다.

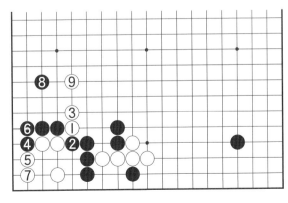

1도

1도(백, 편한 전투)

일단 백1, 3으로 차단하
고 볼 일이다. 이때 흑4,
6으로 젖혀 이으면 백7
로 자연스레 살아버린다.

　그러면 귀가 안심인 만
큼 백은 9로 움직이며 양
쪽 흑을 편하게 노릴 것
이다.

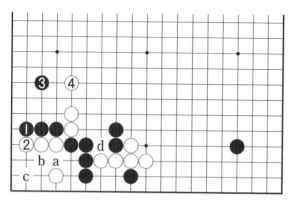

2도

2도(귀의 맛을 남긴다)

따라서 흑은 1로 내려선 후 3으로 벌리는 편이 낫다. 그래야 a, 백b, 흑c로 귀를 공략하는 맛이 남는다. 어쨌든 백은 4로 움직이며 d의 맛을 노린다.

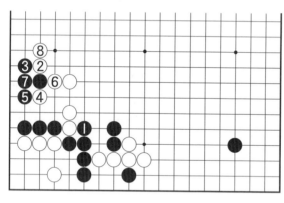

3도

3도(흑, 저위)

그렇다고 서둘러 흑1로 보강하면 백2 이하 8까지 좌변 흑 모양이 저위로 눌려 좋지 않다.

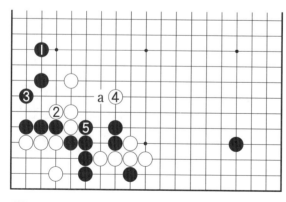

4도

4도(무서운 노림)

따라서 흑1로 한칸 벌려 보강하면 백2를 선수해 중앙을 강화해놓고 하변 흑에 대해 무서운 노림이 있다.

보통은 백4 정도인데 흑5로 지키면 귀도 미생인데다 a의 맛이 있는 만큼 백이 이 흑을 포위하기가 어렵다.

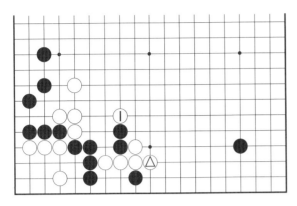

5도

5도(봉쇄의 맥점)

여기는 백1이 봉쇄하는 절호의 맥점으로 일명 코 붙임이다.

　이제야 앞서 말했던 ⓐ 의 가치가 드러난다.

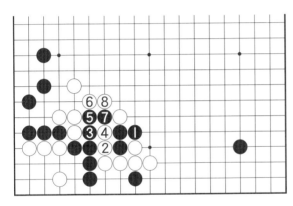

6도

6도(흑, 죽음)

계속해서 흑1로 나가면 백2 이하 8로 흑의 본진 이 차단되어 죽음을 맞는 다. 백의 대성공이다.

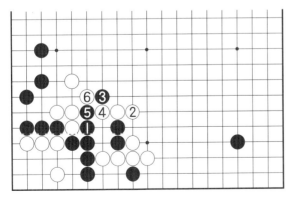

7도

7도(흑, 위험)

그렇다면 일단 흑1로 본 진을 살려야 하지만 백2 로 늘면 흑 전체가 위험 하다.

　흑3에 나가봤자 백4, 6으로 끊겨 그만이다.

107

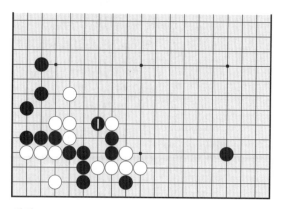

예제

예제 (백 차례)

이 상황에서 흑1로 젖혀 끈
질기게 버텨오면 백은 어떻
게 대응할지 알아보자.

　귀와의 수상전도 고려해
야 한다.

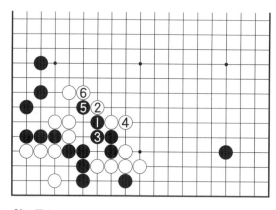

참고도 1

참고도 1(완전 차단)

흑1에는 백2로 되젖히는 것
이 포인트이다.

　중앙은 흑3, 5로 몇 발짝
전진하지 못한다. 6까지 완
전 차단이다.

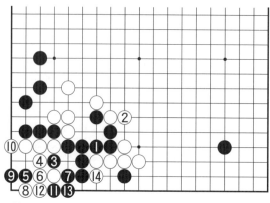

참고도 2

참고도 2(백승)

문제는 흑1로 수를 늘려놓
고 3 이하 7의 수순으로 귀
를 공략해 수상전을 유도할
때이다.

　그러면 백은 8, 10으로
수를 늘리고 이하 14까지
패와 상관없이 백의 1수 승
이다.

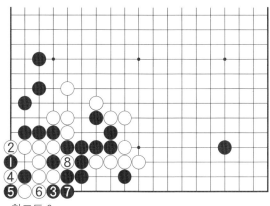

참고도 3

참고도 3(양패)

앞 그림의 8에 흑이 조금이
라도 변수를 만들자면 1, 3
으로 패를 유도할 수 있는
데 백은 4, 6으로 먹여치고
잇는다.

　다음 흑7로 이으면 백8
에 따내는데, 흑이 귀와 이
곳의 양패를 피하자면~

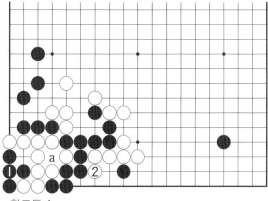

참고도 4

참고도 4(백, 절대 유리한 패)

흑1로 잇고 수상전에 들어
가야 하지만, a의 패가 작
용하여 흑이 이 수상전을
이기려면 팻감도 많아야 하
므로 요원한 일이다.

　이와 달리 백은 2 이하로
조이면서 패를 하므로 절대
유리한 상황이다.

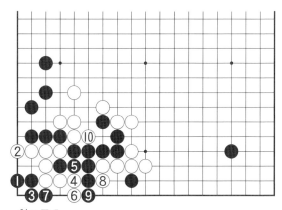

참고도 5

참고도 5(백승)

참고도 2의 7 대신 흑1, 3
으로 귀를 공략해도 백4, 6
으로 공간을 넓히며 8, 10
으로 수를 조여가면 역시
흑의 1수 부족이다.

한칸협공 양걸침 정석에서

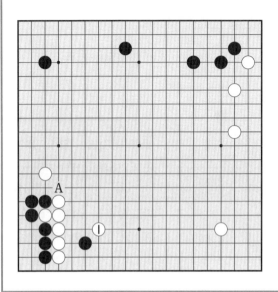

▧ 중국식 포석에서 우상 방면은 아주 기본적인 변화이다. 초점은 좌하 방면인데, 화점 한칸협공에 흑이 양걸침해서 파생된 형태이다.

A의 맛이 있는 만큼 백은 1로 씌우는 수가 무난하다. 이후 하변에서의 변화와 활용에 대해 알아본다.

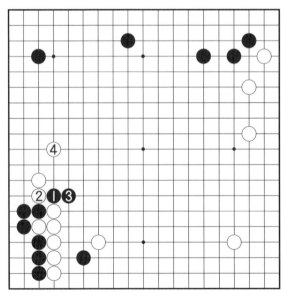

1도

1도(당장 맛을 공략하면?)
좌변은 흑1, 3으로 움직이는 맛이 있는데 지금 당장 두면 어떨까?

일단 백은 4로 보강하는 것이 보통이다.

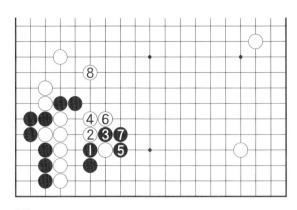

2도

2도(백, 두터움)

계속해서 흑1, 3으로 나와 끊을 때가 기로인데 백은 4로 늘고 난 후 8까지 흑 두점을 가둘 수 있다. 그사이 하변에서 한 점은 허용했지만 백이 두터운 결과이다.

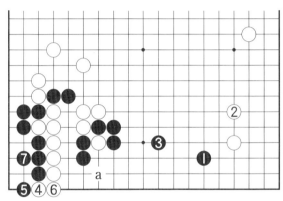

3도

3도(하변 침투)

이후 흑1, 3으로 하변에 모양을 구축하더라도 백 4, 6의 젖혀이음이 선수가 되면 a의 침투가 훤히 보인다.

　이러면 흑은 한점 잡은 것이 되레 독이 된다.

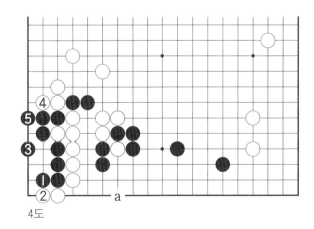

4도

4도(흑, 미흡)

백이 귀를 젖힐 때 흑1로 물러서면 하변 침투는 막을 수 있다.

　그래도 백2, 4는 기분 좋은 선수이고 a의 끝내기도 있어 귀는 옹색하고 하변 흑진은 큰 규모가 아니다.

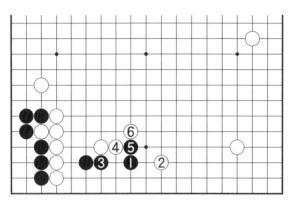

5도

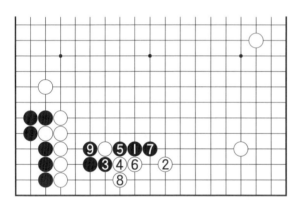

6도

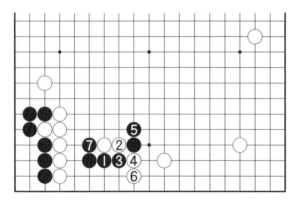

7도

5도(흑, 무거움)

이제부터 흑이 하변에서 움직이는 변화를 본다. 다만 한점을 직접 움직이면 옹색해질 우려가 있어 흑1로 다가서는데 백2의 협공이 제격이다. 흑3으로 끌고 나오더라도 6까지 흑이 무거워진다.

아무래도 1의 곳이 낮았기 때문인데~

6도(흑도 싸울 수 있다)

그래서 흑1로 높게 다가서는 편이 낫다. 백2로 협공하면 역시 흑3으로 끌고나온다.

백4로 차단하면 흑은 5, 7을 선수한 후 9로 치고나오는 흐름이 연출되지만 이번에는 흑도 충분히 싸울 수 있다.

7도(백의 변화)

흑1에 백2, 4로 끊으면 흑5, 7로 두점을 몰며 나간다. 역시 앞 그림과 비슷한 흐름이다. 백도 부담스런 싸움이다.

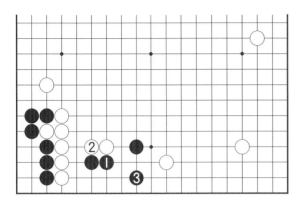

8도

8도(행마의 요령)

흑1에 나갈 때 백2로 위에서 누르면 흑3의 한칸이 행마의 요령이다.

이래야 탄력적인 자세로 견딜 수 있다.

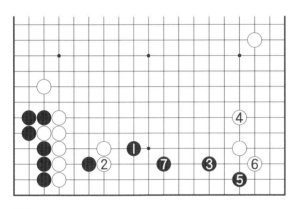

9도

9도(무난한 진행)

흑1에 백도 2로 제압하면 간명하다.

흑3으로 걸친 후 7까지면 서로 간에 무난한 흐름이다.

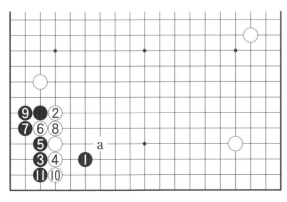

10도

10도(과정)

참고로 좌하 형태가 나온 수순을 보여준다.

화점 한칸협공에 흑1의 양걸침. 백2로 붙이자 흑3의 3三침입 후 11까지의 변화는 일종의 정석이다. 다음 백이 a로 씌워 장면이 나왔다.

화점 두칸높은협공 정석에서 (1)

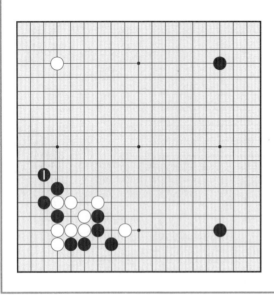

▨ 좌하 형태는 화점 두 칸높은협공에서 흑이 양걸침을 하면서 파생된 정석 변화이다.

여기서 흑1로 호구쳐 좌변을 중시한 장면인데 정석 활용 면에서 과연 올바른 선택인지 알아본다.

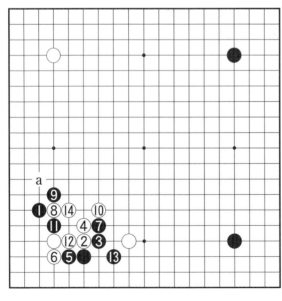

1도

1도(과정)

화점 두칸높은협공에서 흑1의 양걸침. 백2로 붙일 때 흑3 이하 7로 중앙에 밀어 나오면 이하 14까지는 기억해둘 상용 수순이다.

여기서 흑이 a로 호구 친 것이 장면인데~

장면 8

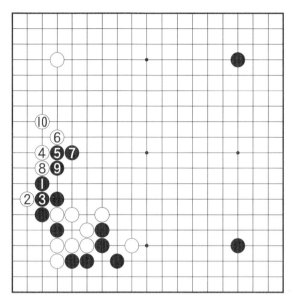

2도

2도(좌변 백 모양이 좋다)
흑1에는 백2, 4로 무겁
게 하며 다가서는 수순이
좋다.

흑5 이하 9로 정비하
지만 10까지 허용한 백
진의 모양이 좋아 흑이
별로 내키지 않는다.

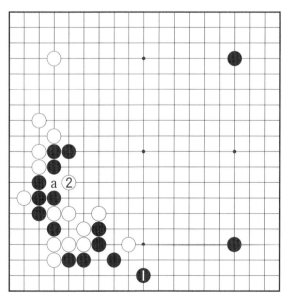

3도

3도(포인트)
다음 흑1로 하변을 보강
하는 것이 보통인데 백2
에 들여다보는 수가 포인
트이다.

흑이 정비만 했지 a로
잇는 모습이 영 볼품없지
않은가.

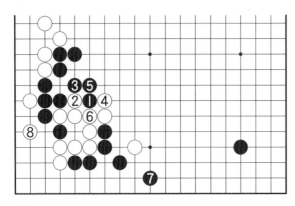

4도

4도(흑, 미흡)

그렇다면 흑1로 먼저 들여다보고 싶을 것이다. 그러면 6까지 되고 나서 역시 흑7의 보강은 필수이다.

이때 백8로 근거를 차지하면 흑이 좀 미흡한 국면이다.

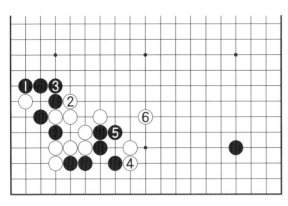

5도

5도(중앙 봉쇄)

애초 2도의 2에 흑1로 막으면 어떨까?

그러면 백2를 선수한 후 4, 6의 중앙 봉쇄가 기다린다.

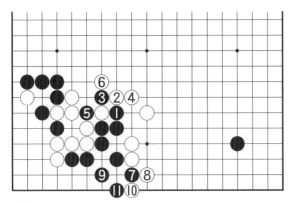

6도

6도(흑, 수세)

계속해서 흑1의 중앙 진출은 6까지 막히고 결국 변에서 7 이하 11로 패로 버틸 수밖에 없다.

이러면 일찌감치 흑은 수세에 몰린 국면이다.

화점 두칸높은협공 정석에서 (2)

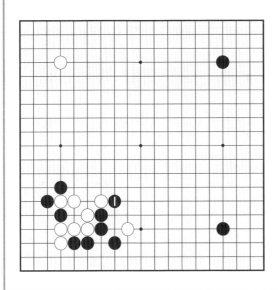

▨ [장면 8]이 내키지 않 았던 흑이 이번에는 1로 젖혔다.

보기에도 하변을 중 시한 장면인데, 이후 어 떤 변화와 활용이 일어 나는지 알아본다.

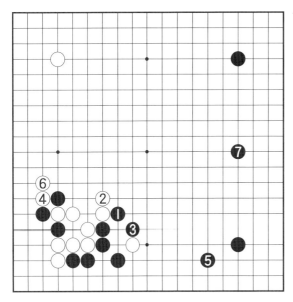

1도

1도(흑, 진영을 넓히다) 흑1에는 일단 백2로 느 는 것이 순리이다. 이런 데를 한방 맞으면 아플 테니까. 흑3에 지킬 때 백4, 6으로 끊어 좌변 실 리를 중시하면 흑은 5, 7 로 모양을 계속 넓힌다.

이러면 흑의 진영이 커 서 정석 활용을 제대로 했다고 말할 수 있다.

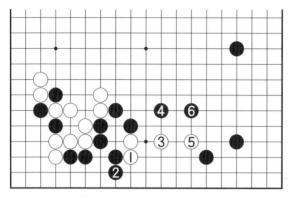

2도

2도(백이 시달린다)
하변은 백이 1, 3으로 움
직여도 흑이 4, 6으로 몰
아가면 상당히 시달릴 모
양이다. 이런 흐름에서
살고도 망한 경우가 많은
법이다.

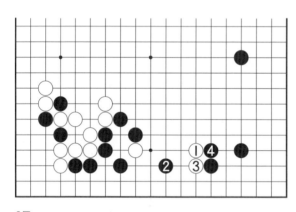

3도

3도(백, 무거움)
가볍게 백1로 어깨부터
짚으면 흑2로 뿌리부터
대충 공격해도 백이 무거
워질 공산이 크다.
　가령 백3이면 흑4로
밀어가서 좋다.

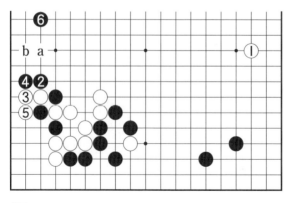

4도

4도(흑, 좌변에 터전)
1도의 6 대신 백1로 우
변 모양을 갈라치면 흑은
2 이하 6으로 벌려 좌변
에 터전을 마련할 수 있
다. 이후 백a는 흑b로 대
응하면 된다.

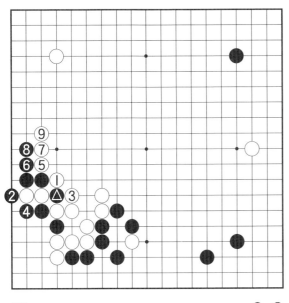

5도

⑩…▲

5도(백의 실속이 없다)

앞 그림의 4에 백1로 단수치면 흑2로 1선 단수가 요점이다.

이때 백이 3으로 잡은 후 5 이하 9로 눌러 가면 중앙 두터움이 그럴듯하지만 흑10으로 두점을 따내고 나서 보면 전체적으로 백의 실속이 없다.

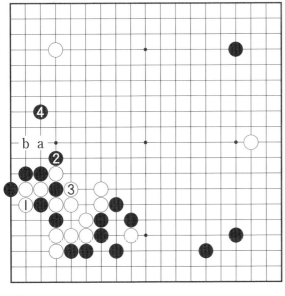

6도

6도(흑, 충분)

따라서 앞 그림의 2에 백1로 나가는 것이 보통이다. 그러면 이제 흑은 2, 4로 가볍게 터를 잡아서 충분하다.

이후 백a는 역시 흑b로 대응해서 별일 없다.

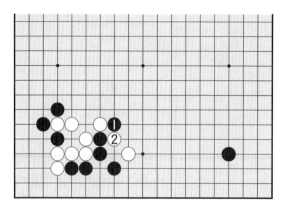

예제

📖 예제 (흑 차례)

흑1로 젖힐 때 백2로 댕강 끊으면 당장 기분 좋을지 모르지만 후환이 두렵다.

이제부터 흑은 어떻게 반격할지 알아보자.

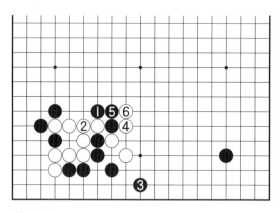

참고도 1

참고도 1(단수 한방)

우선 흑1의 단수 한방이 기분 좋다. 그런 후 흑3의 지킴은 당연하다.

그러면 백4, 6으로 밀어올 텐데~

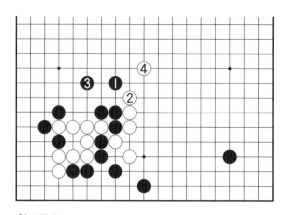

참고도 2

참고도 2(흑, 나약한 태도)

이때 흑1, 3으로 모양을 정돈하는 것은 부분적으로 무난하지만 나약한 태도이다.

백은 2의 급소를 발판으로 4로 중원을 향해 훨훨 날아서 충분한 국면이다.

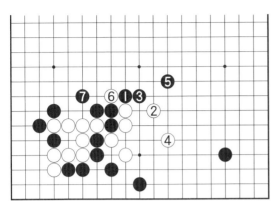

참고도 3

참고도 3(기세의 젖힘)

여기는 흑1의 젖힘이 기세
이다. 백2로 늦추면 이번에
는 흑이 3, 5로 시원하게 진
출한다.

뒤가 걱정 되지만 백6에
끊어도 흑7이면 충분히 싸
울 수 있다. 하중앙 백이 무
거운 모양이다.

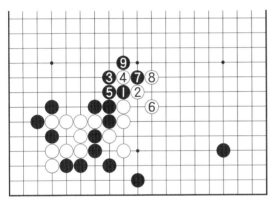

참고도 4

참고도 4(흑, 두터운 흐름)

흑1에 백도 2의 젖힘이 기
세이다.

그러면 흑3에 지킨 후 9
까지 되기만 해도 흑이 좀
두터운 흐름이다.

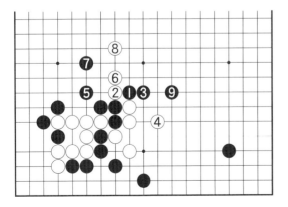

참고도 5

참고도 5(백이 바쁜 모양)

흑1에 백2로 끊으면 흑3에
느는 자리가 힘차다.

백4에 보강할 때 흑5로
대충 지키면서 9까지 되더
라도 백이 바쁜 모양이다.

소목 밑붙임 정석에서 벌림 이후

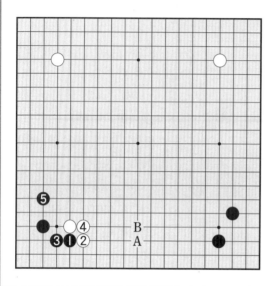

■ 많이 등장하는 소목 굳힘 포석에서 좌하 형태는 밑붙임 정석의 수순이다. 흑1, 3에 백4로 꽉 이었는데 흑5 다음 백이 벌린다면 A와 B의 선택이 있을 것이다.

주변 배치를 고려해서 이후의 변화와 활용에 대해 알아본다.

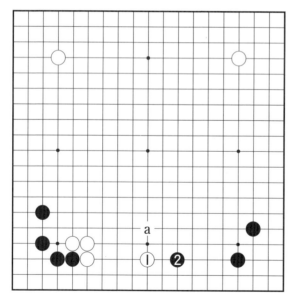

1도

1도(백, 낮은 벌림)

백1의 낮은 벌림이면 보기에 안정적이지만 흑2에 다가설 때 고민이 따른다.

백이 다음에 a로 지키자니 발이 좀 늦은 감이 들지 않은가.

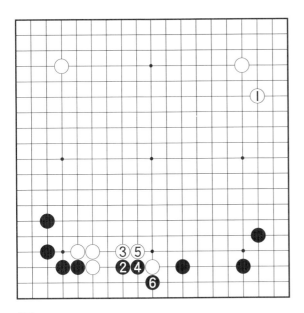

2도

2도(변의 실리가 파이다)
따라서 전체 흐름에 뒤지지 않으려고 백1로 굳히면 흑2의 침입이 두렵다.
백3에 막으면 흑4, 6으로 넘어가는데 백은 실리가 파여 부분적으로 재미없을 것이다.

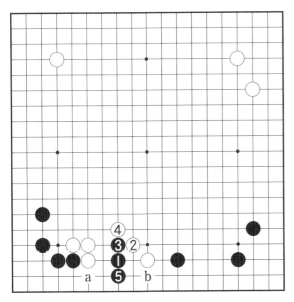

3도

3도(흑의 파괴 수단)
흑1에 백2의 마늘모로 가두려 하면 흑3, 5로 백 모양을 파괴하는 수단이 기다린다.
a와 b를 맞보기로 흑은 연결에 지장 없다.

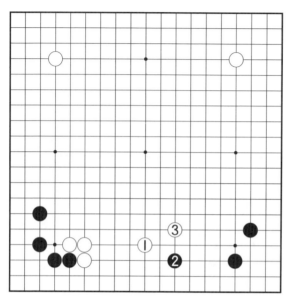

4도

4도(백의 중앙 활용)
백1로 높게 벌리면 흑2
로 다가설 때 백3으로 모
자 씌우는 자세가 좋다.

백이 중앙 바둑을 구
사한다면 이런 정석 활용
이 효과적이다.

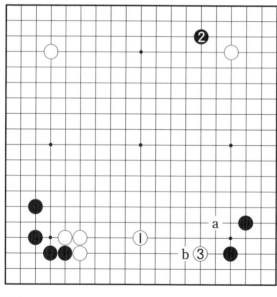

5도

5도(호응)
백1에 벌릴 때 만일 흑이
손을 빼고 2로 걸쳐오면
백3의 벌림이 1과 호응
한다. 다음 a의 씌움도
기분 좋은 자리이다.

백3은 안전하게 b의 벌
림도 일책이다.

소목 한칸낮은협공에서 아래 단수 이후

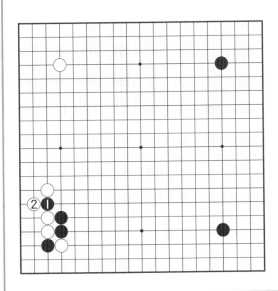

▨ 좌하 형태는 소목 한 칸낮은협공 정석에서 나온 장면이다.

흑1로 끼울 때 백2로 아래에서 단수친 것은 실리 지향의 간명한 선택이다. 이후의 변화와 활용에 대해 알아본다.

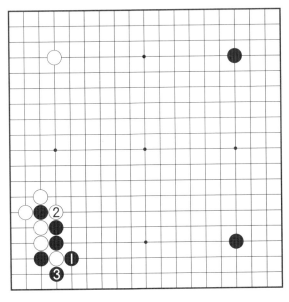

1도

1도(흑이 편한 타협)
흑은 일단 1부터의 단수가 출발이다. 이때 백2로 한점을 따내면 흑3의 따냄도 당연하다.

이 결과 거의 호각인데 귀가 강한 흑이 약간이라도 편할 것이다.

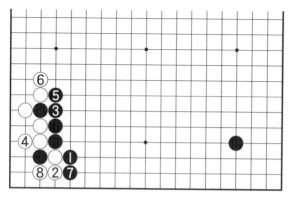

2도

2도(양쪽 변을 결정하면?)
흑1에 백2로 나가면 흑
도 3에 잇는다.

백4가 이 형태에서 수
비법인데, 다음 흑5와 7
로 양쪽 변을 결정해도
좋을까?

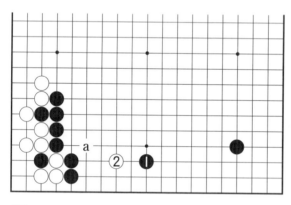

3도

3도(침투)
흑은 귀의 실리를 굳혀준
만큼 1까지는 벌려 세력
을 이용해야 할 것이다.

다만 백2로 침투하면
a의 활용도 있어 흑이 부
담이다.

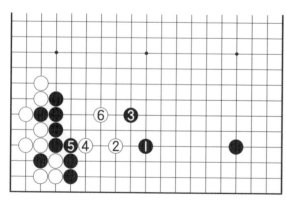

4도

4도(탈출)
흑1로 높게 벌려도 백2
의 침투는 항시 존재한
다. 흑3의 공격이면 백4,
6으로 탈출하는 흐름이
자연스럽다.

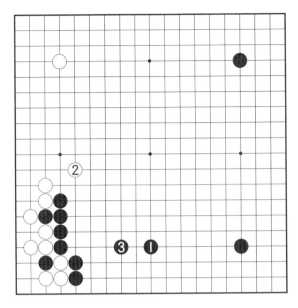

5도

5도(중앙 견제)

흑1의 벌림에 대해 앞 그림의 전투가 부담이면 백은 2로 중앙을 향해 견제해도 좋다.

흑은 3으로 지킨다 해도 투자에 비해 소득이 부실한 모양이다.

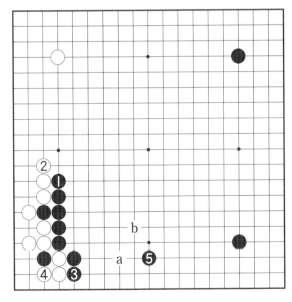

6도

6도(세력이 웅대하다)

흑이 세력을 활용하자면 여기는 2도의 7을 결정하지 않고 흑1로 계속 미는 것이 요점이다. 백2로 얌전히 받으면 이제는 흑3을 결정하고 5에 벌려도 좋다. 그러면 백a로 침투해도 좌측 벽이 강해진 만큼 흑b의 공격이 위력을 발휘한다.

이 결과라면 흑의 세력이 제법 웅대하다.

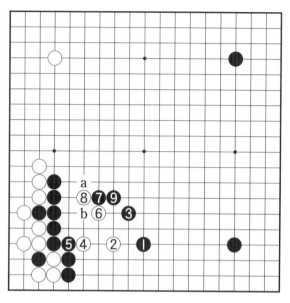

7도

7도(맹공)

또 흑1로 높게 벌려 백2
에 침투해도 등이 두터워
진 만큼 흑은 3 이하 9로
맹공을 가할 수 있다.

a와 b가 맞보기로 백
이 곤란한 모습이다.

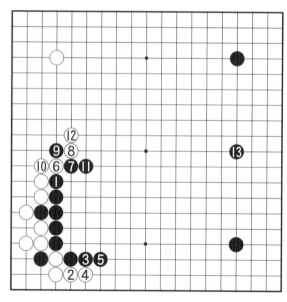

8도

8도(모양을 넓힌다)

흑1에 백2, 4로 밀어 귀
를 확보하고 6으로 젖히
면 어떨까?

이 경우 흑은 7 이하
11의 상용 수법으로 중
앙을 두텁게 정돈한 후
13으로 손을 돌려 모양
을 넓히는 흐름이 좋다.

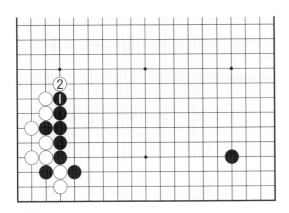

예제

예제 (흑 차례)

흑1의 요소를 밀 때 백2로 강하게 젖혀왔다.

이때 흑은 어떻게 처리하면 효과적일지 알아보자. 이런 경우 귀와 연동하면 좋은 발상이 떠오를지 모른다.

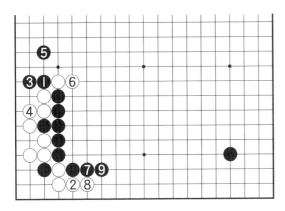

참고도 1

참고도 1(흑, 충분)

지금은 흑1로 끊어 응수를 물어볼 타이밍이다. 백2로 귀를 나가면 흑3, 5로 자세를 잡는다.

백6으로 중앙을 움직일 때 흑7, 9로 늘어두면 양쪽에 터전을 마련한 흑이 충분한 국면이다.

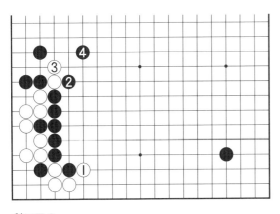

참고도 2

참고도 2(흑, 두터움)

백이 중앙을 움직이지 않고 1로 하변을 중시하면 흑2로 한점을 잡아 두텁다.

백3에 나가면 흑4의 날일자 장문이 맥점이다. 백 두점이 탈출할 수 없다.

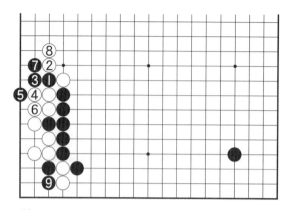

참고도 3

참고도 3(귀에서 응수타진)

흑1에 백2, 4로 즉시 몰면 흑은 5, 7의 수순으로 변에서 하나만 키운 후 손을 돌려 귀에서 9로 막으며 응수를 묻는다.

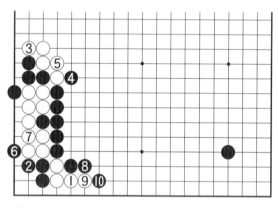

참고도 4

참고도 4(흑, 만족)

이때 백1로 나가면 흑2로 막아 백의 난관이다. 좌변이 수상전이 되어 백은 3으로 제압이 불가피한데 흑은 4, 6을 결정한 후 8로 늘면 귀를 포함한 좌하변이 수중에 들어온다.

백9로 나가도 흑10이면 백 넉점이 잡히는 모습이다. 물론 흑의 만족이다.

참고도 5(흑, 두터움)

참고도 3 다음 귀의 손실을 막으려면 백1로 물러서는 정도이다. 그러면 6까지 두점을 잡은 흑의 형태가 매우 두텁다.

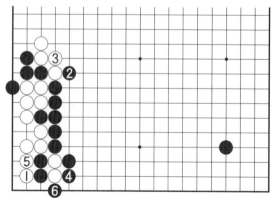

참고도 5

마늘모 이후 변에서의 타이트한 작전 (1)

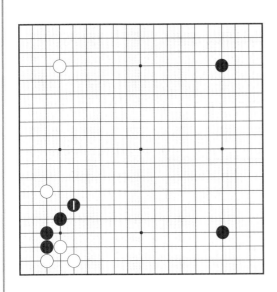

▨ 역시 소목 한칸낮은 협공 정석에서 나왔다. 흑이 붙여 늘고 백이 호구치면 흑1의 마늘모 행마가 탄력적이다.

이후 백은 좌변이나 하변의 받음을 선택할 수 있는데, 그 변화와 활용에 대해 알아본다.

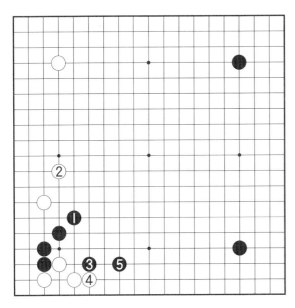

1도

1도(백, 불만)

흑1에 백2로 좌변을 지키는 변화부터 알아본다.

흑3은 백 모양의 급소이다. 이때 백4로 밀면 흑5로 뛰는 리듬이 좋아 백의 불만이다.

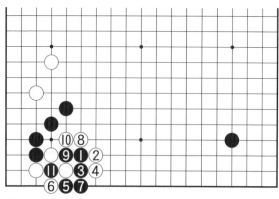

2도

2도(패의 결과는?)
흑1에 백도 2의 붙임이
맥점이다. 이때 흑3, 5가
교묘한 수단으로 부분적
으로 11까지 패를 낼 수
있다.
　문제는 흑도 덩치가
커졌다는 사실인데~

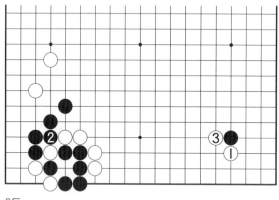

3도

3도(충분한 팻감)
백1의 팻감에 흑2로 패
를 해소하면 백3으로 기
세 좋게 젖힌다.
　그러면 백은 좌하귀를
허용하는 대신 팻감으로
우하귀를 공략해서 충분
한 결과이다.

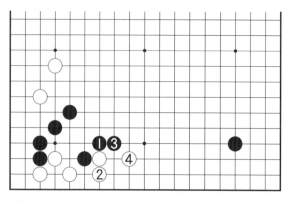

4도

4도(백의 흐름이 산뜻하다)
2도의 2에는 흑1의 젖힘
이 보통이다. 그러면 백2
로 내려선다.
　다음 흑3으로 늘면 무
난하지만 백4로 진출하
는 흐름이 산뜻하다.

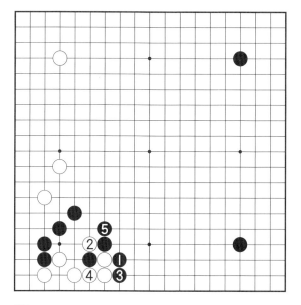

5도

5도(타이트한 강수)

앞 그림의 3 대신 흑1의 젖힘이 타이트한 강수이다. 백2로 끊으면 흑3, 5로 일단 변의 진출을 차단해서 나쁘지 않다.

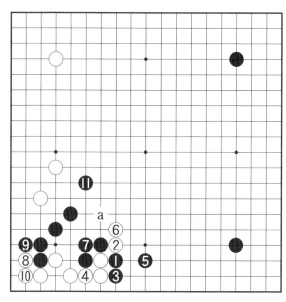

6도

6도(흑, 충분한 씨움)

흑1에 백2쪽을 끊으면 흑3, 5로 일단 자세를 잡는다. 백6에 움직이면 흑7로 잇고 백8, 10으로 귀를 살 때 흑11(혹은 a)로 나가며 싸운다.

흑은 이런 식으로 싸울 때 이 정석 활용의 묘미가 있을 것이다.

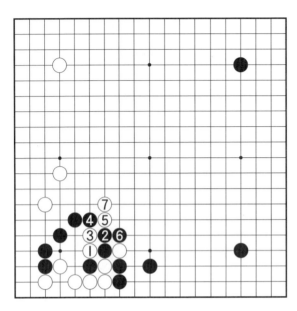

7도

7도(백이 차단하면?)

앞 그림의 5에 백1 이하 5로 나가 끊으며 7에 늘면 어떨까.

흑도 차단되어 곤란할 것 같은데~

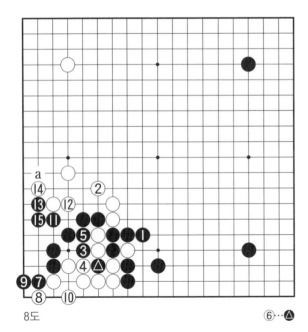

8도

⑥…△

8도(흑, 두터움)

흑1의 보강은 일단 시급하다. 그러면 백2의 봉쇄가 제격이지만 흑은 3 이하 9를 선수한 후 11 이하 15까지 재빨리 살아둔다.

이 결과는 귀쪽 집이 더 많고 하변도 두터운 흑이 불만 없다. 좌변 백은 a의 약점이 있어 약간 엷다.

마늘모 이후 변에서의 타이트한 작전 (2)

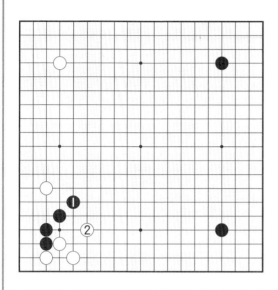

▨ [장면12]와 달리 흑1의 마늘모 행마에 이번에는 백이 2로 하변을 중시했다.

그러면 좌변에서 공방이 벌어질 텐데, 이후의 변화와 활용에 대해 알아본다.

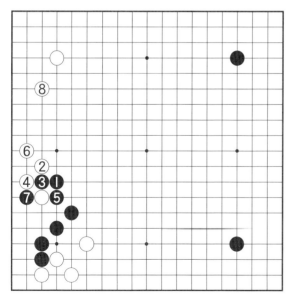

1도

1도(백, 주도적 느낌)
일단 흑1의 씌움이 요소이다. 백2로 뛸 때가 기로인데 간명하게 두자면 흑3, 5로 찌르고 막는 것이 보통이다.

그러면 흑이 두텁기는 한데 백도 6, 8로 폭넓게 두며 경쾌한 흐름이다.

이 결과 정석의 활용면에서는 백의 주도적인 느낌마저 든다.

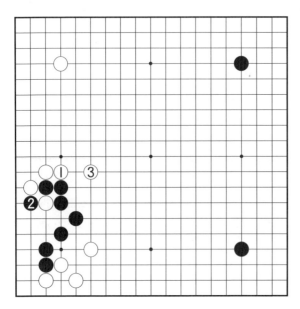

2도

2도(백의 중앙작전)
때에 따라 백은 1, 3으로 시원하게 중앙작전을 펼칠 수도 있다.

이처럼 정석 활용은 고정관념을 벗어날 때 효율을 높일 수 있다.

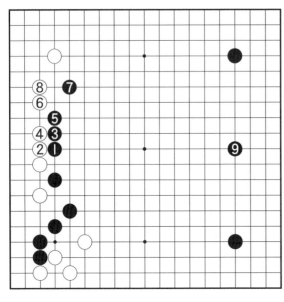

3도

3도(좌우 진영이 호응한다)
1도의 2에 흑은 다시 1로 씌워갈 수 있다. 백이 2 이하 아래로 받으면 계속해서 흑은 7까지 두터운 벽을 만든 후 9로 삼연성을 펼친다.

정석 활용이란 면에서 흑은 좌변과 우변이 제대로 호응하고 있다.

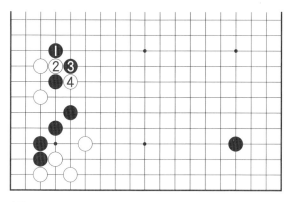

4도

4도(나와끊는 경우)

흑1에 백도 벽을 허용하기 싫다면 부분적으로 싸워야 할 것이다.

그래서 백2, 4로 나와 끊었는데~

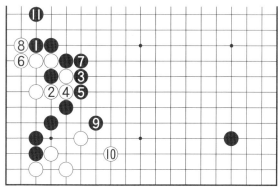

5도

5도(흑, 두터운 흐름)

그러면 흑은 1로 막고 3, 5로 봉쇄한다. 백6, 8은 근거의 요소이고 그사이 흑은 7, 9로 두텁게 지키며 하변을 압박한다. 백 10으로 하변에 진출하면 흑11로 좌변을 아우르며 흑이 두터운 흐름이다.

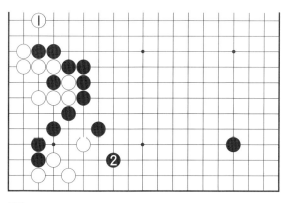

6도

6도(백의 변화)

백이 하변 대신 1로 좌변에 진출하면 이번에는 흑이 2로 하변에 내딛는다.

역시 2연성 포석에 걸맞는 흑의 모범적 정석 활용이다.

소목 붙이고 느는 정석에서

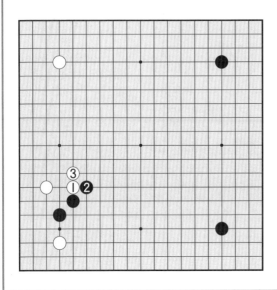

▨ 소목 한칸낮은협공
에서 흑의 마늘모 행마
에 백1, 3으로 붙이고
늘어간 장면이다.

좌변을 중시한 건 분
명한데, 이후의 변화와
활용에 대해 알아본다.

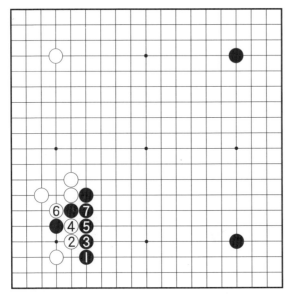

1도

1도(귀의 실리가 크다)
흑1로 하변에서 곧바로
협공하면 백은 2로 나와
6까지 끊어버릴 것이다.

흑의 벽도 두텁지만 그
에 못지않게 백의 실리가
크다.

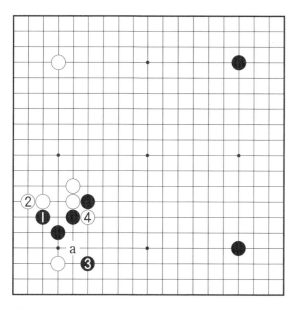

2도

2도(붙이고 협공한다)

흑이 하변을 협공하자면 1로 붙인 후 3이면 효과적이다.

이제는 백이 a로 나와 끊을 수 없으므로 4쪽에서 끊게 되는데~

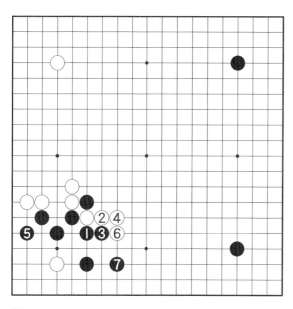

3도

3도(흑, 실리가 크다)

그러면 흑은 1, 3을 아낌없이 선수한 후 5로 귀를 지킨다.

백6에는 흑7의 한칸이 안전한 수비법인데 흑의 실리가 제법 크다.

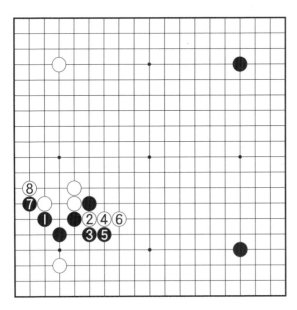

4도

4도(먼저 끊는다)

흑1에는 백도 2로 먼저 끊는 것이 실리를 허용하지 않는 방법이다.

흑3, 5 다음 흑7의 젖힘에는 백8로 막는 것이 이 경우의 행마법이다.

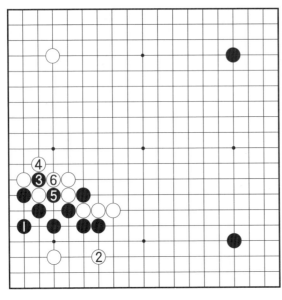

5도

5도(흑, 중복)

계속해서 흑1로 지키면 백2로 벌리는 리듬을 준다. 흑3으로 추궁해도 백4, 6이면 흑만 중복된 모양이다.

물론 백은 양쪽을 가볍게 두면서 만족이다.

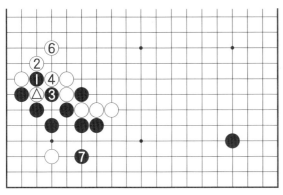

6도

6도(흑, 단단한 흐름)
4도의 8에 흑은 1로 바로
끊어가는 것이 기세이며
능률적이다.

이때 백2 이하 6으로
좌변을 지키면 흑7로 귀
를 차단해 흑이 단단한
흐름이다.

⑤…△

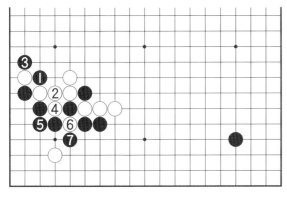

7도

7도(백, 제자리걸음)
흑1에는 백2로 잇는 것
이 보통이다. 그래야 귀
의 약점을 엿볼 수 있다.

내친김에 흑3에 잡을
텐데 이때 백4, 6으로 한
점을 따내 흑7로 막게 되
면 백은 중앙이 좀 두터
워졌을 뿐 제자리걸음에
가까운 모습이다.

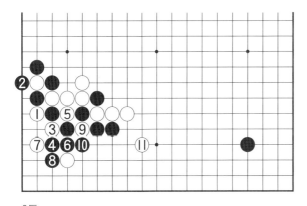

8도

8도(흑, 옹색)
앞 그림의 4로는 백1, 3
으로 단수치며 귀의 약점
을 추궁해가야 한다.

이때 흑4, 6으로 귀를
지키려 하면 11까지 되
기만 해도 흑이 옹색해지
고 백은 두터워진다.

141

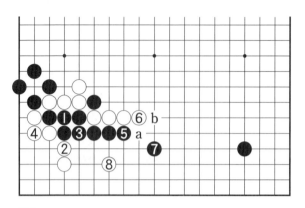

9도

9도(필연)

따라서 흑1로 고분고분 잇고 백2, 4로 귀를 지키는 정도이다.

다음 흑5, 7로 진출할 때 백8의 벌림은 실리도 벌면서 상대의 약점을 노리는 요소이다. 이때 흑a는 백b로 두텁게 늘게 되므로 악수이다.

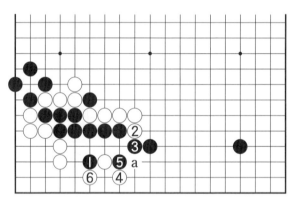

10도

10도(흑, 무거움)

그래서 좀 더 효율적으로 흑1로 붙이는데 백2, 4가 멋진 수순이다. 흑5로 보강하면 백6으로 넘는다. a의 활용도 있는 만큼 흑이 무거운 형태가 되었다.

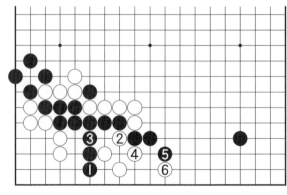

11도

11도(흑, 잡힘)

앞 그림의 4에 흑1로 차단하면 백2의 끊음이 선수가 되며 4로 모양에 탄력이 생긴다.

흑5에 백6으로 수를 늘려 가면 좌측 흑이 잡힌 모습이다.

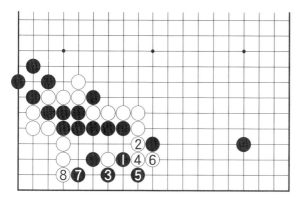

12도

12도(흑진이 허물어지다)
10도의 2에 흑1로 물러
서면 백2로 밀고 들어와
난감하다.

　이하 8까지 흑은 수습
해야 하지만 진영이 허물
어진 모양이 되어 불만이
가득하다.

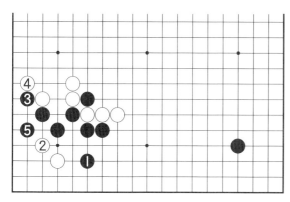

13도

13도(흑, 충분)
그렇다면 흑은 좌변에 젖
히지 말고 1부터 협공하
는 것도 유력한 방법이
다. 백2 때 흑3, 5로 귀
를 위협하며 단단하게 두
어가면 충분한 모습이다.

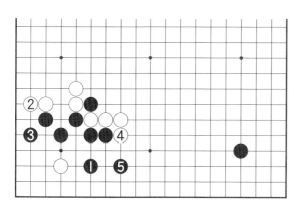

14도

14도(환원)
흑1에 좌변에서 백2로 내
려서면 흑3으로 귀를 굳
힌다. 백4에 흑5로 지키
는 흐름은 수순만 다르지
3도와 같다.

　백은 두텁지만 흑의 실
리가 제법 크다.

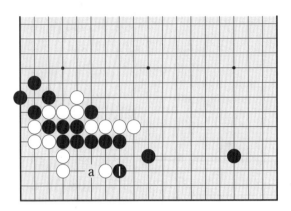

예제

▦ 예제 (백 차례)

이 상황에서 흑1로 붙이면 어떤 변화가 기다릴지 생각해보자.

정수는 a쪽이었기에 흑은 좋은 결과를 기대할 수 없을 것이다.

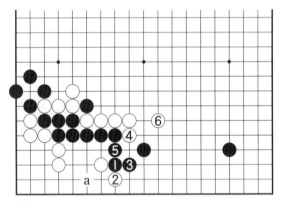

참고도 1

참고도 1(급소 꼬부림)

흑1에는 백2 다음 4의 꼬부림이 모양을 무너뜨리는 급소이다.

흑5의 이음에 백6으로 달리는 흐름이 순조롭다. a의 맛은 있어도 흑 대마가 무거워졌다.

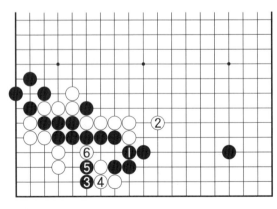

참고도 2

참고도 2(자충)

앞 그림의 4에 흑1로 막으면 이후 3으로 치중해도 소용이 없다.

백은 4로 잇고 6의 끼움이 자충을 이용한 맥점으로 아래 두점을 잡을 수 있다.

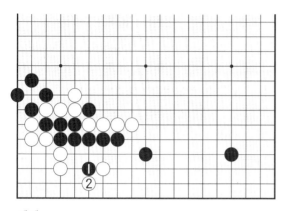

예제

▦ 예제 (흑 차례)

이 경우에 흑1의 붙임이 정수이지만 백2로 즉각 받으면 어떻게 될지 알아보자.

정석 활용에서는 부분적 공방도 전체 판세와 연관짓는 사고가 필요하다.

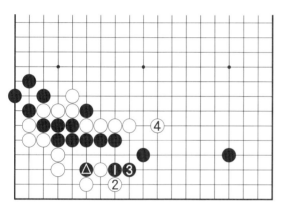

참고도 1

참고도 1(백, 순조롭다)

우선 흑1, 3으로 달아나기 급급해서는 아무것도 안 된다. 흑▲도 악수로 변해버린다. 4로 전개하는 백의 흐름이 너무도 순조롭다.

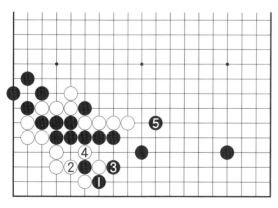

참고도 2

참고도 2(맞끊는 수법)

이런 데는 흑1의 맞끊음이 좋은 수법이다. 백2로 단수치면 흑3을 선수한 후 5로 중앙을 향한다.

흑이 밑지세 활용한 모습이다.

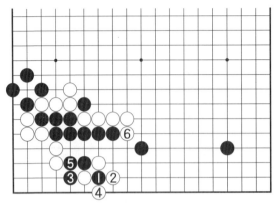

참고도 3

참고도 3(흑, 걸려들다)

흑1에 백2로 잡을 때가 문제인데 여기서 흑3, 5로 귀와 차단하면 백6에 들어와 오히려 흑이 제대로 걸린 모습이다.

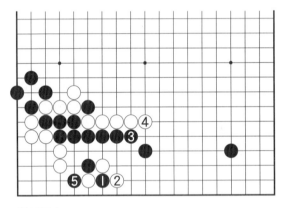

참고도 4

참고도 4(백, 곤란)

따라서 흑1에 백2로 잡으면 흑3으로 힘차게 밀어가는 것이 급소이다.

이때 백4로 늘면 흑5로 차단해서 백이 곤란하다.

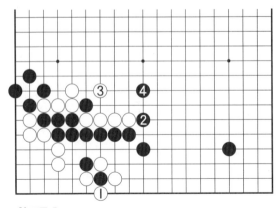

참고도 5

참고도 5(흑, 두터운 젖힘)

결국 앞 그림의 3에는 백1로 잡아야 하는데 흑2의 젖힘이 아주 두터운 곳이다.

다음 백3에 보강할 때 흑4의 진출이 힘차며 흑은 최상의 정석 활용을 했다.

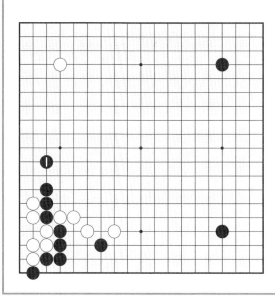

장면 15
고목 날일자씌움 정석에서 (1)

▨ 좌하 형태는 고목 날일자씌움 정석에서 나왔다.

흑1로 한칸 벌린 장면인데, 이후 어떤 변화와 활용이 일어나는지 알아본다.

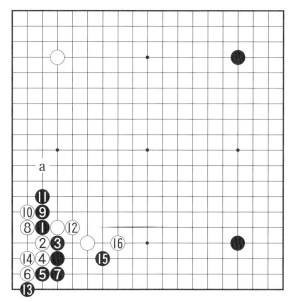

1도

1도(과정)

장면은 고목 날일자씌움에서 흑1로 붙일 때 백2의 안쪽 젖힘으로 도발하면서 출발한다. 이하의 수순은 보편적인 정석 과정이므로 기억해두기 바란다.

그런데 백16의 씌움 다음 장면처럼 흑a의 흰칸 벌림이 과연 무난할까?

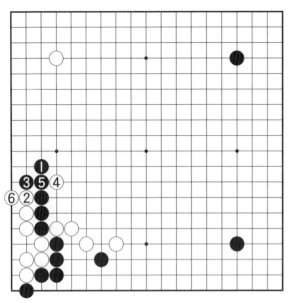

2도

2도(무난)

흑1에 대해 백2 이하 6의 수순으로 살면 무난하다. 예전부터 많이 두던 흐름이기도 하다.

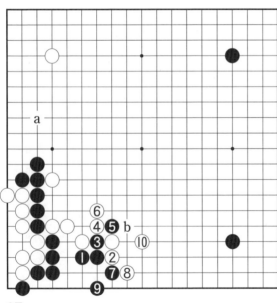

3도

3도(하변의 일반적 진행)

계속해서 흑은 1로 막은 후 9까지 백의 흠집을 남기며 사는 것이 좋다. 그러면 백10으로 지키고 다음 흑이 a로 벌리는 진행이 일반적이다.

덧붙여 지금은 백이 약간 엷은데 축이 유리하면 10은 b로 단수하는 것이 두텁다.

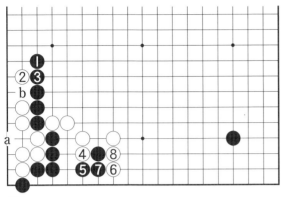

4도

4도(들여다본 효과)

그런데 흑1에 백2의 한 칸 들여다봄이 묘한 수법 이다.

이때 흑3으로 이으면 백4 이하 8까지 하변의 흑이 잡힌다. 좌변은 a와 b가 맞보기로 살아있다. 백2의 효과였다.

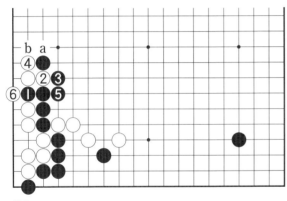

5도

5도(흑의 고민)

앞 그림의 2에 흑1로 찌 르면 백2, 4로 변화한다. 흑5로 이을 때 백6으로 넘으면 이제 흑의 고민이 다. 흑a면 백b로 밀어가 서 하변 흑이 급해진다.

그 과정에 흑이 하변 을 살면 좌변 백이 어디 선가 젖혀 흑이 중앙에 몰리며 무거워질 것이다.

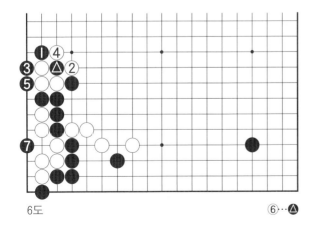

6도   ⑥…▲

6도(귀를 잡으러가면?)

앞 그림의 4에 흑은 1 이 하 5로 조이며 7의 치중 까지 귀의 백을 잡으러 갈 수 있다.

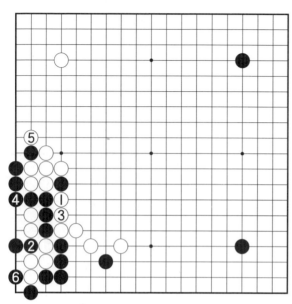

7도

7도(잡고도 망한다)

그러면 백은 1 이하 5로 중앙과 변을 철통같이 봉쇄할 수 있다.

이 결과는 백의 외곽이 너무 두터워 흑이 귀를 잡아 실리는 얻고도 망한 모습이다.

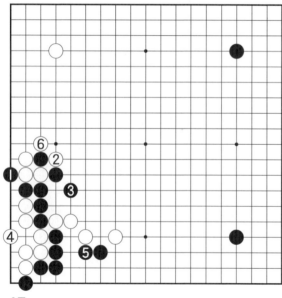

8도

8도(백, 두터운 흐름)

흑도 일단 1, 3으로 중앙 봉쇄는 피하고 볼 일이다. 그러면 백4로 살 때 흑5로 지키고 백6으로 따내지만 비교적 백이 두터운 흐름이다.

고목 날일자씌움 정석에서 (2)

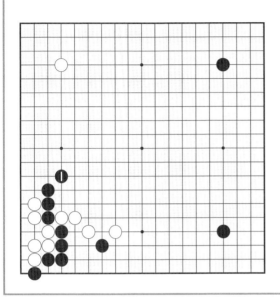

▨ [장면 15]와 같은 형태에서 흑1의 마늘모는 진화된 수법이다.

아무래도 중앙 두터움을 의식했다고 봐도 좋을 것이다. 이후의 변화와 활용에 대해 알아본다.

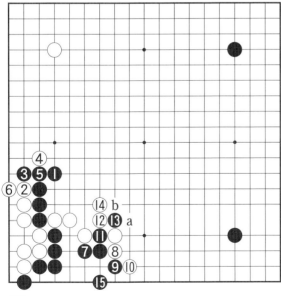

1도

1도(필연)

흑1이면 일단 백은 2 이하 6의 수순으로 살아야 한다. 그러면 흑7로 지킨 후 15까지는 예정된 수순이다.

여기서 축 문제가 발생하는데 백은 축이 유리하다면 a로 몰고 이후 b로 따내 두텁다.

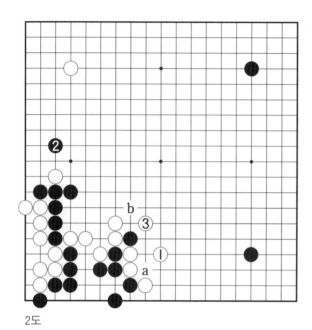

2도

2도(타협)

지금과 같은 구도라면 백은 축이 불리하므로 1, 3으로 지키지만 a의 약점과 b의 활용이 있어 약간 엷은 모습이다.

그래도 갈길이 먼 만큼 이런 식으로 타협하며 두는 것이 순조로운 흐름이다.

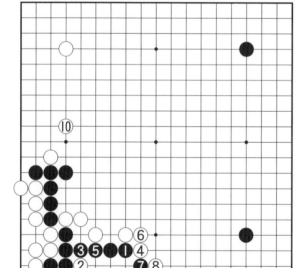

3도

3도(흑, 불리)

1도의 7 대신 흑1로 나가면 백2의 맥점이 기다린다. 흑3이면 백4의 젖힘이 좋은 수이다.

다음 흑5로 이어야 하는데 백6, 8을 선수하고 10으로 다가서 위협하면 흑이 불리한 흐름이다.

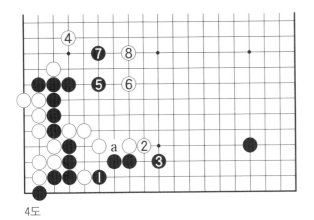

4도

4도(흑 모양이 엷다)

앞 그림의 3 대신 흑1로 붙이면 백2에 흑3으로 진출할 수 있지만 모양이 엷다.

백은 a가 선수인 만큼 4 이하 8로 맹공을 가해 판을 주도하는 흐름이다.

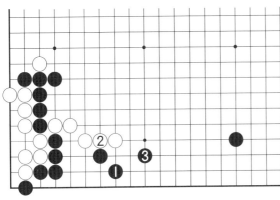

5도

5도(백, 느슨)

이 상황에서 흑1, 3으로 가볍게 진출할 수 있다면 기분 좋다.

그러나 백2의 이음이 느슨한 수였다.

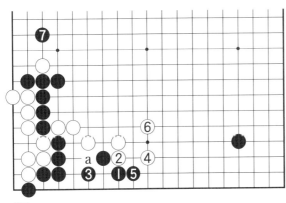

6도

6도(백 모양이 엷다)

흑1에는 백2가 모양의 급소이다. 이때 흑a면 1도의 수순으로 환원되지만 3에 호구치면 어떨까?

만일 백4, 6으로 지키면 무난하지만 좀 엷다. 흑7로 보강하면 전체적으로 흑이 단단하다.

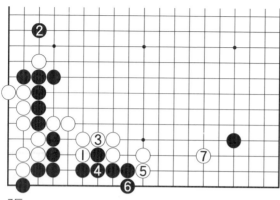

7도

7도(백, 두터운 수법)

앞 그림의 5에 백1이 두
터운 수법이다.

흑2로 좌변을 보강하
면 백3, 5를 선수하고 7
로 걸쳐가는 리듬이 제격
이다.

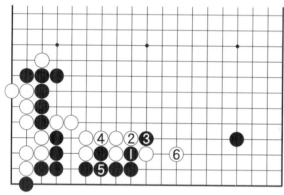

8도

8도(흑의 도발)

흑이 좌변을 보강하지 않
고 1, 3으로 끊어 도발하
면 백4의 선수 다음 6의
한칸이 행마법이다. 이렇
게 두는 이유는~

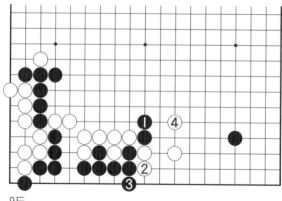

9도

9도(전투)

흑1로 늘 때 백2의 막음
이 하변 사활 상 선수이
기 때문이다. 그러고 나
서 백4로 뛰어나가는 것
이 능률적 행마이다.

서로 예측불허의 전투
흐름이다.

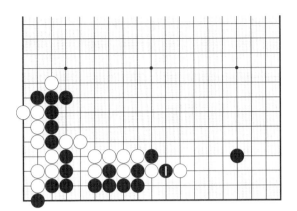

예제

예제 (백 차례)

장면의 8도 다음 흑1로 단수치면 백은 어떻게 대응할지 알아보자.

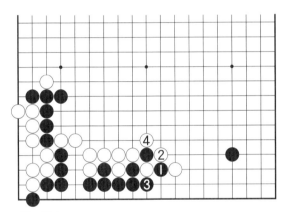

참고도 1

참고도 1(봉쇄)

흑1에는 일단 백2, 4로 돌려치는 수법을 기억해두어야 한다.

어쨌든 여기는 이런 식으로 바깥을 봉쇄해야 일관된 작전을 펼칠 수 있다.

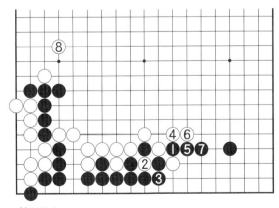

참고도 2

참고도 2(백, 유리)

계속해서 흑1의 끊음에는 백2 이하 6을 선수한 후 8로 다가와 흑이 쫓기는 모습이다.

이 결과는 두텁고 주도적인 백이 유리한 흐름이다.

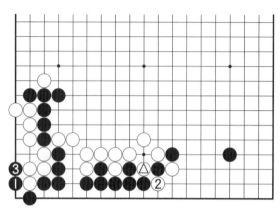

참고도 3

참고도 3(호각)

백△로 따낼 때 흑이 패로 버티자면 1의 팻감이 있다. 백2로 해소해 매우 두텁지만 흑3으로 좌변 백을 잡고 실리로 대항하겠다는 뜻이다. 거의 호각인데 두터움을 잘 살리기만 하면 백이 편한 바둑일 것이다.

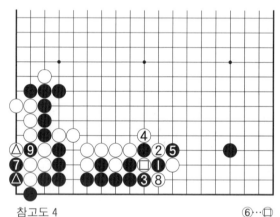

참고도 4   ⑥··□

참고도 4(선수 교환)

어차피 패를 하겠다면 실은 흑이 1을 두기 전에 △와 △를 선수 교환해두는 것이 확실한 가치가 있다.

그러면 이후 흑이 7로 팻감을 쓰고 9로 깔끔하게 따낼 수 있다.

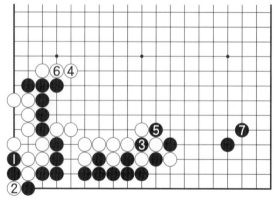

참고도 5

참고도 5(실리 대결)

흑1의 팻감에 백2로 따내 살면 어떨까? 이번에는 흑이 3, 5로 패를 해소하는 흐름일 텐데 그동안 백은 4, 6으로 좌변을 제압한다. 흑7은 매우 큰 곳. 이 결과 백 실리도 크지만 흑 실리도 상당하고 두터워 흑이 충분히 둘 수 있다.

장면 17
변의 세칸벌림에 침투한 이후

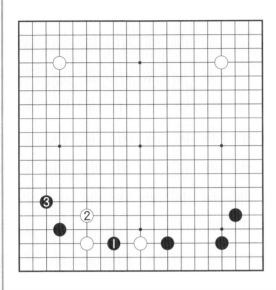

▨ 하변은 많이 등장하는 화점과 소목 굳힘 포석이다. 백의 세칸벌림에 흑1로 침투하고 백2에 흑3의 날일자로 받은 장면이다.

이후 변의 정석을 배경으로 어떻게 활용해 가는지 알아본다.

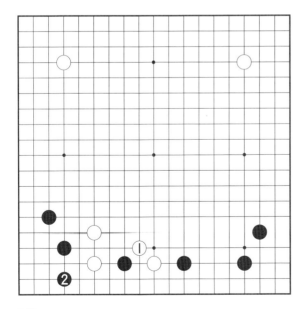

1도

1도(백, 미흡)
백1로 가두면 흑2로 한 칸 지킴이 귀의 요소이다. 그러면 흑의 안정된 실리에 비해 하변이 엷은 백이 미흡한 결과이다.

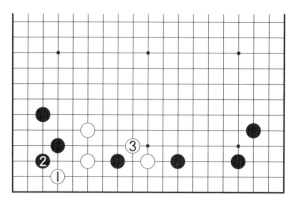

2도

2도(백, 이상적)

따라서 백1로 먼저 파고
든다.

이때 흑2로 받으면 백
3에 역시 가두지만, 이번
에는 귀를 침식한 백 진
영이 이상적이다.

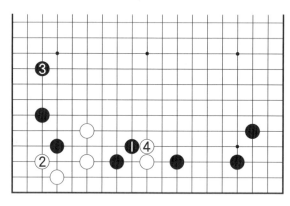

3도

3도(변에서 반발)

백이 귀를 파고들면 흑1
로 반발하고 싶어진다.

그러면 백은 우선 2로
귀의 근거를 마련한 후 4
로 밀고 올라가 싸움을
선포하는데~

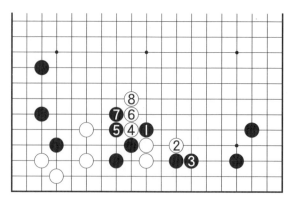

4도

4도(흑, 불리)

이때 흑1로 젖히면 기세
가 지나친 행동이다. 백
은 2를 활용한 후 4로 끊
어 반격한다.

그러면 흑5로 치고나
와 8까지 중앙 백세가 커
진 만큼 흑이 불리한 싸
움이다.

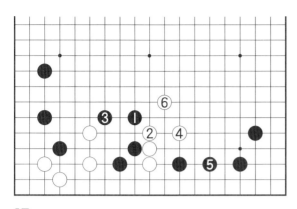

5도

5도(무난한 진출)

3도에 이어 흑1, 3으로 정돈하는 것이 일반적이다. 다음 백이 4, 6으로 진출하면 무난한데~

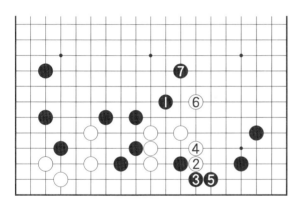

6도

6도(실전적 강수)

앞 그림의 4에는 흑1의 공격이 실전적 강수이다.

백이 6까지 적당히 진출은 가능하지만 흑7로 추격하면 중원에 흑세가 강한 만큼 백이 불리한 흐름이다.

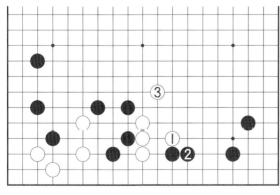

7도

7도(타이트한 활용)

백도 1의 붙임이 타이트한 활용이다.

흑2로 얌전히 받으면 백3에 진출하는 자세가 좋다. 5도와 비슷한 흐름일 것이다.

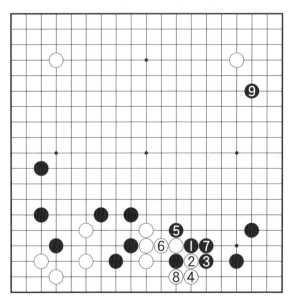

8도

8도(흑이 주도하는 흐름)

흑도 얌전히 받기보다 1 의 젖힘이 타이트하다.

백2의 끊음이 좀 성가시지만 흑3 이하 7까지 두텁게 활용해 작게 살려 준 후 9로 걸치면 흑이 판을 주도하는 흐름이다.

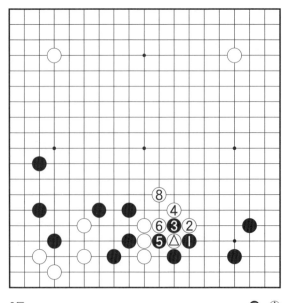

9도

9도(전투 요령)

흑1에 백도 2로 강하게 젖히는 것이 싸움의 요령이다.

다음 흑3에 끊으면 백 4, 6으로 돌려치고 8에 지키는 것이 예정된 수순이다.

❼‥**△**

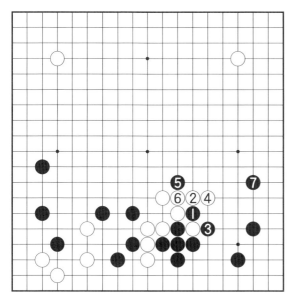

10도

10도(흑, 실리로 앞서간다)
계속해서 흑1에 끊으면
백2로 한점을 주는 것이
순리이다.

흑3 다음이 문제인데,
백4로 느는 것이 부분적
인 요처이지만 실속이 없
다. 흑5, 7이면 흑이 실리
로 앞서가며 발 빠른 흐름
이다.

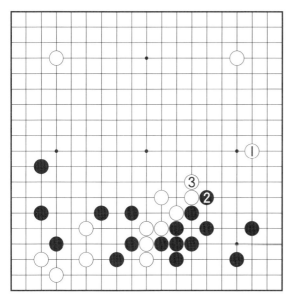

11도

11도(타협)
앞 그림의 3에 백도 1로
벌리는 편이 실속이 있
다. 흑2면 백3에 늘어 중
앙도 탄력이 있다.

이 정도면 흑이 약간
편하기는 해도 서로 타협
된 결과라 봐도 좋을 것
이다.

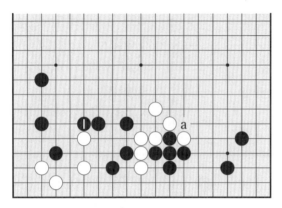

예제

▥ 예제 (백 차례)

이 상황에서 흑이 a로 끊지 않고 1로 막았다.

여기가 시급하다 보았기 때문인데, 그렇다면 백이 우하 방면을 어떻게 처리하면 좋을지 생각해본다.

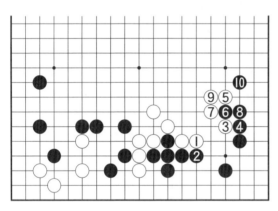

참고도 1

참고도 1(흑, 실리로 앞선다)

백1, 3으로 우변에 진격하는 흐름이면 좋다. 흑4에 백5로 뛰어 리듬을 탄다.

그런데 흑6으로 끼운 후 10까지 진출하면 흑이 실리에 앞서간다. 무엇이 문제일까?

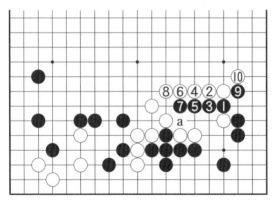

참고도 2

참고도 2(백2, 탄력적 수단)

흑1의 끼움에 백2로 느는 것이 모양에 구애받지 않는 탄력적인 수단이다. 흑3 이하 계속 밀면 슬슬 늘며 8까지 강한 벽이 형성된다. 흑9에는 백10으로 변의 진출도 차단된다.

이제 와서 a의 맛은 사소한 실리에 불과하다.

PART 3

침투와 타개

-진영에서의 공방

화점 눈목자굳힘과 벌림에서 (1)

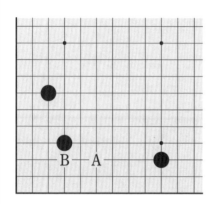

▨ 화점에서 눈목자굳힘과 하변에 벌림이 있는 형태이다. 이런 진영은 모양이 더 커지기 전에 침투가 필요한데 백A의 걸침은 흑B의 지킴이 제격이다.

그럼 침투 장소로 어디가 좋은지, 그리고 이후의 공방에 대해 알아본다.

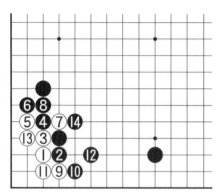

1도

1도(두터움 1)

백1의 3三침입이면 어떨까? 그러면 흑2로 막은 후 14까지가 일반적인 진행인데 백이 귀에서 크게 살지만 그로인해 생긴 흑 모양이 너무 두텁다.

특별한 상황이 아니라면 백이 선택하기 어렵다.

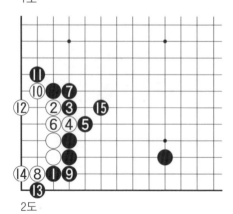

2도

2도(두터움 2)

앞 그림의 3에 흑1로 귀쪽에서 젖히는 방법도 있다.

그럴 경우 백2로 붙인 후 15까지 예상되는 진행인데, 역시 백이 살아가는 동안 형성된 흑 모양이 제법 두텁다.

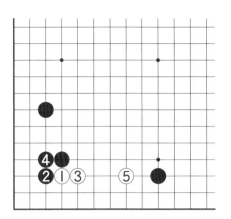

3도

3도(상식적 붙임)

눈목자굳힘에는 침투 자리로 백1의 붙임이 상식이다. 흑2, 4로 귀를 지키면 백5로 근거를 확보해서 충분하다.

그런데 이 진행에서는 흑4의 이음이 너무 평범했다.

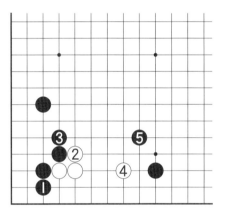

4도

4도(공격하는 리듬)

흑1의 내려섬이 실속도 있고 공격의 발판이 된다.

백2, 4로 벌리면 흑5로 공격하는 리듬이 좋다.

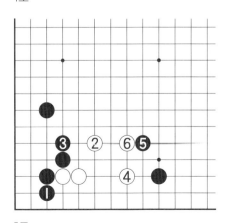

5도

5도(호응)

흑1에는 백도 2의 날일자 행마가 탄력적이다.

그러면 흑3이 두터운 지킴인데 백4로 벌리고 나서 이번에는 흑5로 공격해도 백6의 붙임이 2와 호응해서 좋은 모습이다.

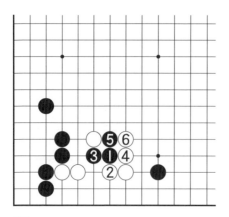

6도

6도(백의 타개를 도와준다)

앞 그림의 4 다음 흑1로 당장 약점을 가르는 것은 백2 이하 6까지 밀어 벽이 두터워진 만큼 오히려 백의 타개를 도와준다.

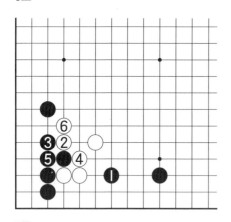

7도

7도(백, 탄력적 모양)

5도의 2에 흑1로 하변에서 공격하면 백2의 붙임이 자연스럽다.

흑3에 받으면 백4, 6으로 흑이 눌리며 백 모양에 탄력이 붙는다.

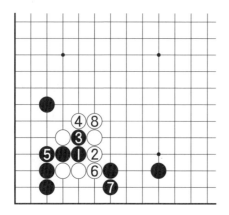

8도

8도(흑, 낮은 자세)

앞 그림의 2에 흑1, 3으로 나오면 백4의 단수 후 6으로 잇는다.

이때 흑7로 보강하면 백8의 이음이 두텁다. 흑은 양쪽을 두지만 낮은 자세라서 별로 한 게 없다.

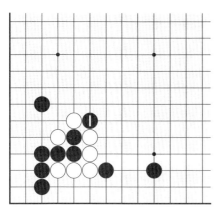

예제

예제 (백 차례)

이 상황에서 흑1로 끊으면 백은 어떻게 타개할지 알아보자.

이때 모두 살리겠다는 생각은 금물이다. 본진부터 파악하고 타개 수순을 읽어야 한다.

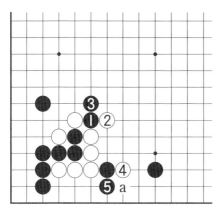

참고도 1

참고도 1(백, 수순 잘못)

흑1에 백2, 4는 수순에 문제가 있다. 흑5에 빠지면 백이 a로 막을 수 없는 만큼 본진이 허공에 뜨게 되니 최악의 결과이다.

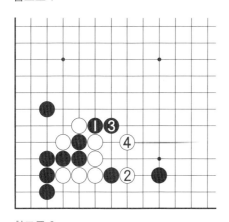

참고도 2

참고도 2(백, 붙임부터 둔다)

흑1에는 백2의 붙임부터 두는 것이 좋다.

흑3에는 백4로 지키며 본진의 타개가 가능하다.

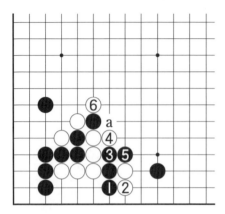

참고도 3

참고도 3(백, 불만)

앞 그림의 2에 흑1로 빠지면 이제는 백2로 막을 수 있다. 흑3으로 나올 때가 초점인데 백4, 6은 수순이 잘못됐다.

흑 한점을 축으로 잡을 수 있지만 차후 백은 a로 따냈을 때 4의 군더더기가 있어 불만이다.

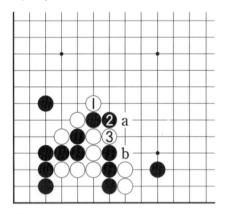

참고도 4

참고도 4(백, 최상의 코스)

앞 그림의 3에 백1로 먼저 단수치고 나서 3에 나가는 것이 좋은 수순이다.

그러면 a와 b를 맞보기로 삼아 타개에 군더더기가 없이 최상의 코스로 간다.

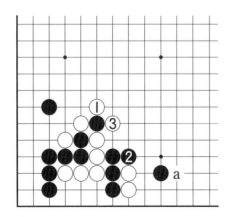

참고도 5

참고도 5(두터운 따냄)

백1의 단수에 흑2면 백3으로 한점을 따낸 모습이 매우 두텁다.

하변 두점은 잡혔지만 a로 붙이는 활용도 백의 별미다.

화점 눈목자굳힘과 벌림에서 (2)

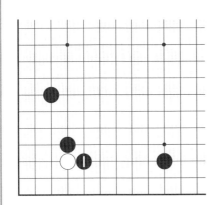

▨ 같은 환경에서 2번째 관문. 화점 붙임에 이번에는 흑1로 변에서 젖힌 장면이다.

귀에서 살려주더라도 바깥 두터움을 중시한 발상인데 이후의 공방에 대해 알아본다.

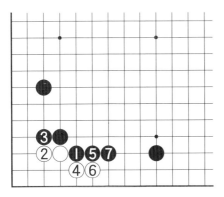

1도

1도(흑, 비능률)

흑1에 백2로 귀에 즉시 들어가면 어떨까?

이때 흑3에 막고 7까지 되면 백은 한껏 실리를 벌고 있는데 흑 모양은 비능률적이다.

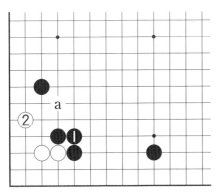

2도

2도(귀의 백 모양이 제격이다)

흑1로 이어 하변을 단속하더라도 백2의 날일자달림이 제격이다. 이후 a의 약점도 노출된다.

1도와 2도는 백이 애초부터 원하던 모습일 것이다.

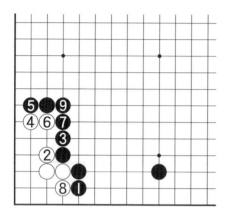

3도

3도(흑, 두터움)

여기는 흑1의 내려섬이 강수이다. 그러면 백2 이하 8로 살지만 9의 이음까지 한 치의 허점 없이 흑이 매우 두터운 모습이다.

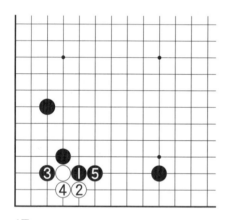

4도

4도(타개의 요령)

흑1에는 백2의 2선 젖힘이 타개의 요령이다.

그러면 흑3, 5로 단수치고 늘어가는 흐름인데~

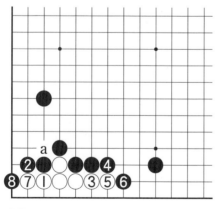

5도

5도(백, 위험)

백1 이하 양쪽에서 계속 밀어가는 것은 위험한 행동이다. 8까지 백의 사는 궁도가 나오지 않는다.

다만 a의 약점으로 겨우 도생할 수 있어도 살고도 망할 것이다.

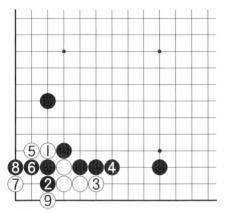

6도

6도(흑, 잡힘)

4도 다음 백1의 끊음이 정수이다. 이때 흑2로 막으면 백3에 하나 민 후 5 이하 9의 수순으로 귀의 흑이 잡힌다.

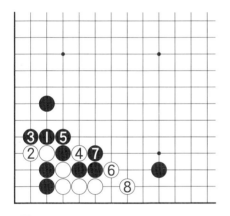

7도

7도(백, 충분)

앞 그림의 3에 흑1로 귀를 지키면 백은 2로 키운 후 8까지 수습해서 좋다.

　이때 8의 호구가 탄력적이며 한 수의 가치로 충분하다.

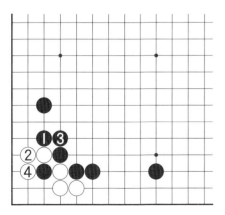

8도

8도(귀의 실리가 크다)

백이 끊을 때 흑1, 3으로 정리하면 간명하지만 귀의 실리가 커서 흑의 불만이다.

　만사가 귀찮다고 다른 도전을 포기하면 실력이 늘지 않는다.

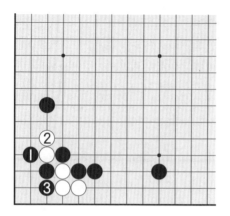

예제

▦ 예제 (백 차례)

흑1로 단수치고 3으로 막은 것은 일단 귀를 강화해서 양쪽 백을 몰겠다는 뜻이다.

좀 복잡해졌지만 백의 타개 방법을 알아보자. 이때는 축 관계도 고려해야 한다.

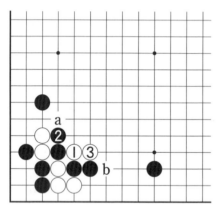

참고도 1

참고도 1(백, 축이 유리한 경우)

백은 축이 유리하다면 타개가 간명하다. 즉 1, 3으로 두면 a와 b가 맞보기이다.

a의 축이 유리하다면 백은 이렇게 둬서 승리를 선언한다.

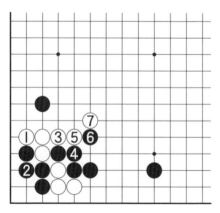

참고도 2

참고도 2(백, 축이 불리한 경우)

축이 불리한 경우 백은 하변을 포기한다고 생각하면 알기 쉽다.

백1 이하 5를 선수한 후 7의 젖힘은 기세이다.

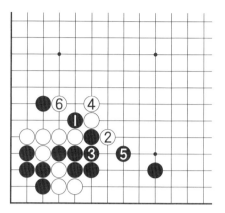

참고도 3

참고도 3(백, 성공)

이때 흑1로 끊으면 백2, 4가 하변에 선수로 작용한다.

흑5의 지킴은 절대. 다음 백6으로 좌변을 제압하면 비교적 백이 성공한 모습이다.

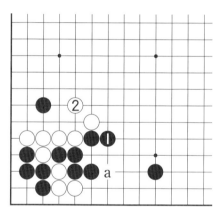

참고도 4

참고도 4(정리)

그렇다면 흑1로 느는 것이 정수일 텐데 백2로 호구치면 백 모양이 정리된 모습이다. 하변은 a의 맛이 약간 고약하다.

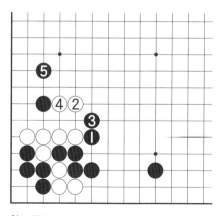

참고도 5

참고도 5(백, 무거움)

흑1에 백2로 후퇴하면 상황이 역전되고 만다.

흑3, 5면 백이 무거워져 일방적으로 쫓길 운명이다.

화점 눈목자굳힘과 벌림에서 (3)

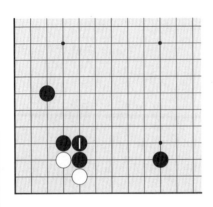

▨ 같은 환경에서 마지막 관문. 이번에는 흑1로 꽉 이은 장면인데 이런저런 빌미를 주지 않으려는 뜻이다.

눈목자굳힘에서는 유력한 수법인데, 이후의 공방에 대해 알아본다.

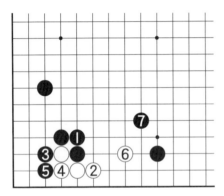

1도

1도(흑의 맹공)

흑1에 백2로 변에 나가면 흑3, 5로 틀어막는다.

백6으로 근거는 마련하지만 귀가 단단한 흑은 맘껏 7의 공격을 가할 수 있다.

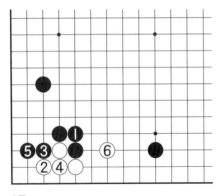

2도

2도(백의 축이 유리할 경우)

흑1에 백2의 호구가 일반적이며 축이 유리할 때 유력하다. 흑3, 5로 귀를 지키면 백6으로 진출하는 자세가 좋다.

백은 이미 귀에 근거가 마련된 만큼 흑이 맹공을 가하기가 어렵다.

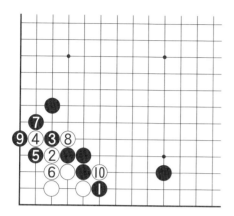

3도

3도(백의 반격)

그렇다면 변에서 흑1로 막을 텐데 백2, 4의 이단젖힘이 상용수단이다. 이때 축이 불리한데도 흑5, 7로 잡으면 백은 8, 10으로 끊어 반격할 것이다.

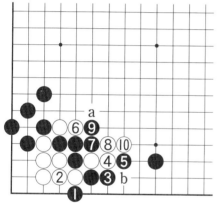

4도

4도(흑, 걸려들다)

계속해서 흑1, 3이고 백은 4 이하 10까지 끈질기게 추궁해간다.

그러면 a와 b가 맞보기. 축이 불리한 흑이 걸려들었다.

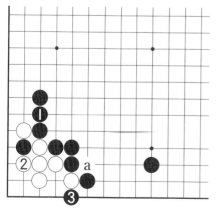

5도

5도(백의 선수 타협)

3도의 6에 축이 불리한 흑은 1로 늦출 수밖에 없다. 그러면 백2와 흑3으로 어느 정도 타협이지만 백 선수이다.

상황에 따라 흑3은 손을 빼기도 하지만 a의 약점이 남는다.

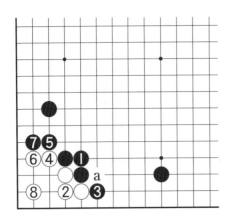

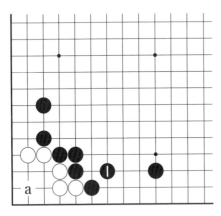

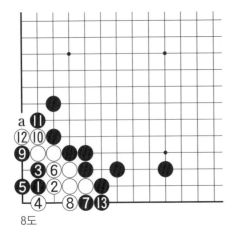

6도(흑, 불만)

흑1에 백2의 이음은 축이 불리할 경우 사용된다. 흑3에 막으면 백4, 6은 당연하다.

이때 흑7로 막으면 백8로 완전한 삶을 얻고 a의 단점이 남은 만큼 흑의 불만이다.

7도(패가 남는다)

이 상황에서 흑1로 지키는 편이 앞 그림보다 낫다.

그러면 흑은 a로 치중해서 패를 내는 수단이 남는다. 그렇다고 즉각 백a로 지키면 선수를 잡은 흑이 충분하다.

8도(1수 늦은 패)

참고로 흑1로 치중해서 13까지 패를 내는 수단을 보여준다. 수순 중 흑7을 먼저 둔 후 9 이하가 정확하다. 차후 흑a로 막아야 단패이므로 지금은 1수 늦은 패이다.

백은 패라도 여유가 있으므로 당장 보강하지 않고 두는 것이 보통이다.

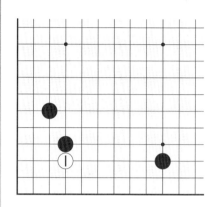

장면 4
화점 날일자굳힘과 벌림에서 (1)

▨ 이번에는 화점에서 날일자굳
힘과 하변에 벌림이 있는 형태이
다. 역시 모양이 더 커지기 전에
침투가 필요한데 몇 가지 수단이
상황에 따라 사용된다.

우선 쉽게 생각할 수 있는 백1
의 붙임부터 알아본다.

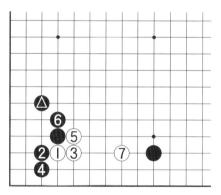

1도

1도(흑, 좁은 간격)
백1에 흑2로 귀에서 젖히면 백도 7
까지 근거를 마련하며 안정한다.

서로 무난하지만 흑▲가 좁은 만
큼 흑이 약간 불만일지 모른다.

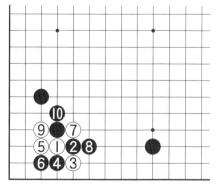

2도

2도(필연)
그래서 백1에 흑2로 변쪽에서 젖히
는 경우가 많다.

백3의 아래 젖힘은 상용 수단이
며 흑4, 6이면 이하 10까지는 필연
인데~

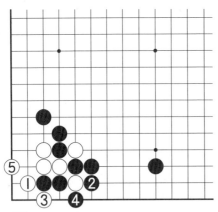

3도

3도(소심한 귀살이)

백1 이하 5로 귀에서 사는 것은 너무 작다. 한점을 따내며 형성된 흑진이 제법 두텁다.

　부득이한 경우가 아니면 백이 선택할 수 없다.

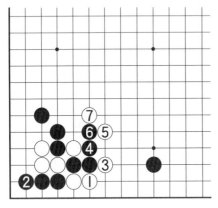

4도

4도(효율적 정리법)

따라서 2도에 이어 백1에 나가는 것이 보통이다.

　다음 흑2에 백3 이하 7은 모양을 정리하는 효율적인 방법이다.

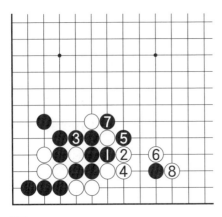

5도

5도(자연스런 흐름)

이때 흑1로 나가면 백2, 4로 잇는다. 다음 흑5, 7로 한점을 잡으면 백6, 8로 하변 한점을 제압하는 흐름이 자연스럽다.

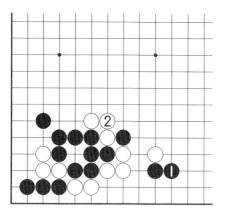

6도

6도(전투)

앞 그림의 6에 흑1로 늘면 백2로 잇는데 백도 모양이 잡혀있어 충분히 싸울 수 있다.

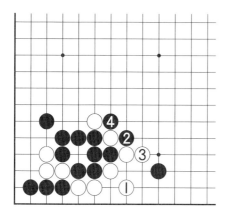

7도

7도(탄력적 호구이음)

5도의 과정에서 백1의 호구도 탄력적 이음이다.

이하 4까지 백도 중앙에 머리를 내밀고 있어 충분하다.

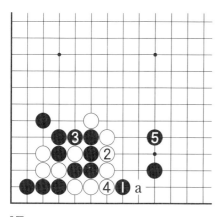

8도

8도(전체를 공격한다)

흑이 전체를 공격하자면 흑1이 유력하다. 그러면 백2, 4로 잇고 흑5로 뛰는 흐름이다.

참고로 이 모양에서는 백이 a로 껴붙여 근거를 마련하는 수단이 남는다.

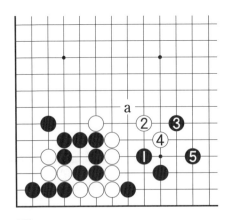

9도

9도(흑의 일책)

그런 맛을 없애자면 흑1의 마늘모 행마가 삐딱하지만 일책이다. 백2로 보강하면 흑3이 1과 연관된 공격이다. 다음 백4에는 흑5가 자연스럽다.

전반적으로 흑이 활발한 흐름이다. 참고로 중앙의 축이 백에 불리하다면 2로는 a쪽 정비가 순리일 것이다.

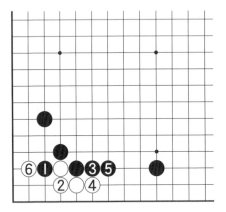

10도

10도(단수치고 느는 변화)

2도의 3에 흑1, 3의 변화도 생각할 수 있다. 눈목자굳힘에서는 그다지 재미 없던 수단이었다.

다음 백은 4로 민 후 6의 붙임이 맥점이다.

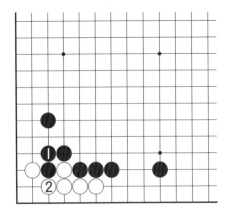

11도

11도(백, 충분)

이때 흑1로 이으면 백2로 넘어 비록 2선이지만 흑진을 파헤치며 사는 흐름이 좋다.

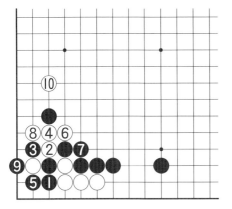

12도

12도(흑도 실리가 크다)

따라서 10도 다음 흑1은 기세의 나감이다. 그러면 백2로 끊고 흑3, 5로 한점을 잡을 때 백6 이하 10까지의 변화가 일어난다.

이 결과 백이 한점을 품으며 좌변에 터를 잡지만 흑도 실리가 커서 충분하다.

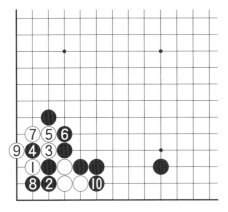

13도

13도(밀지 않고 먼저 붙이면?)

10도의 4로 밀지 않고 백1로 먼저 붙이면 어떨까?

흑은 2, 4 다음 6의 막음을 결정해서 10까지 석점을 잡는다. 그러면 일단 백은 중앙이 봉쇄된 모양이다.

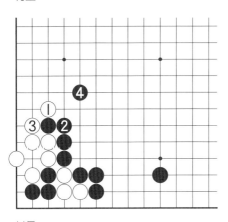

14도

14도(백, 미흡)

다음 백은 1의 붙임으로 아래로 기는 수모를 피할 수는 있을 것이다.

그러나 흑2, 4로 모양을 넓히면 백이 미흡한 결과이다.

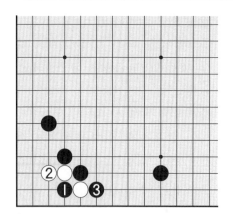

예제

▦ 예제 (백 차례)

이 상황에서 흑1, 3으로 한점을 잡으면 백은 어떻게 타개할지 알아보자. 이때 부분에 사로잡히지 않는 넓은 사고가 요구된다.

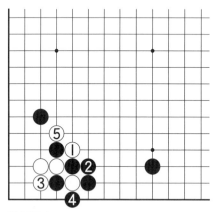

참고도 1

참고도 1(백, 최상의 결과)

백1의 단수는 당연한데 3의 단수는 어땠을까?

이때 흑4로 잡으면 백은 5로 한점을 제압해 최상의 결과이다.

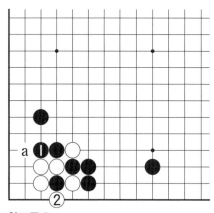

참고도 2

참고도 2(흑, 두터움)

앞 그림의 3이면 흑1로 막는 것이 좋다.

그러면 백2로 귀에서 살지만 a도 선수인 만큼 흑이 두터워 충분하다.

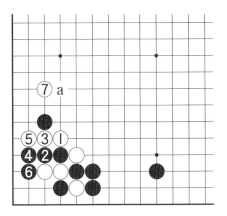

참고도 3

참고도 3(백, 좌변에 정착)

따라서 백은 그냥 1로 단수치는 것이 정수이다.

그러면 흑2 이하 6 다음 백7(또는 a)로 좌변에 정착해 백이 나쁘지 않다.

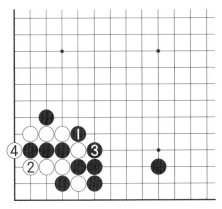

참고도 4

참고도 4(흑, 손해)

앞 그림의 5에 흑1의 단수는 백2, 4로 넘어가며 석점을 단수치는 모양이라 흑의 손해가 크다.

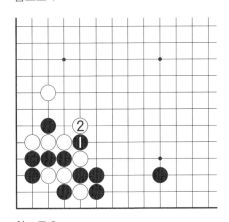

참고도 5

참고도 5(요령)

참고도 3의 상황에서 흑1의 단수라면 백2로 한점을 버리고 두는 것이 요령이다.

이처럼 때에 따라 자유자재의 사고가 필요하다.

화점 날일자굳힘과 벌림에서 (2)

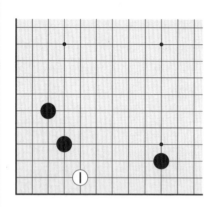

▨ 같은 환경에서 2번째 관문. 백1의 날일자로 저공 침투한 장면이다.

귀를 살짝 엿보면서 언제든 변에 벌려 안정하려는 뜻인데 이후의 공방에 대해 알아본다.

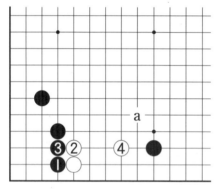

1도

1도(벌림이 좁다)

일단 흑1로 막고 싶은 것은 인지상정이다. 이때 백2, 4면 간명하지만 벌림이 좁아 아쉽다.

흑이 단단한 귀를 토대로 a로 공격하면 흐름이 좋다.

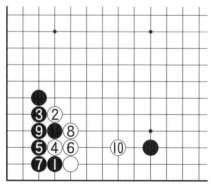

2도

2도(백, 목적 달성)

흑1에 백2, 4는 귀를 압박해서 최대한 좋은 모양을 얻겠다는 뜻이다.

흑3 이하 7이면 상대의 장단에 맞춰주는 격인데, 백은 10까지 귀의 활용을 통해 소기의 목적을 달성한다.

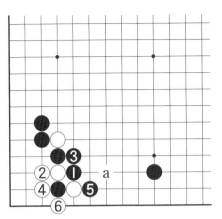

3도

3도(여유로운 삶)

앞 그림의 4에 흑1, 3으로 변에서 받으면 백4, 6으로 사는 모습이 여유롭다.

흑의 외벽은 a로 지켜야 완전하니 흑이 약간 속도에 뒤진다.

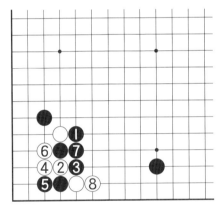

4도

4도(응징책)

2도 2의 도발에는 흑1의 젖힘이 강한 응징책이다.

백2로 끼울 때 흑3, 5로 몰면 8까지 일단 필연인데~

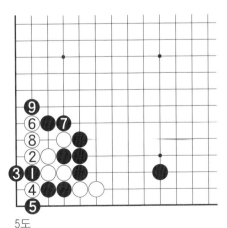

5도

5도(백, 탈출 불가능)

흑1, 3으로 젖히고 내려서면 백은 탈출하기 어렵다. 백4, 6으로 붙여봐도 흑7, 9로 막으면 그만이다.

귀와 수상전도 백이 이길 수 없음을 확인하기 바란다.

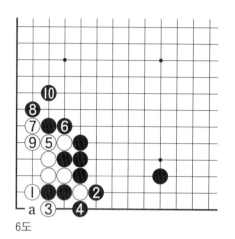

6도

6도(귀에 맛이 남아 괴롭다)

4도의 8 대신 백은 천상 1, 3을 선수한 후 9까지 귀에서 살기라도 해야 하지만 이 또한 괴로운 것이 a의 맛으로 패가 남아 손질이 필요하다.

　반면 10으로 지킨 흑의 외세는 웅장하지 않은가.

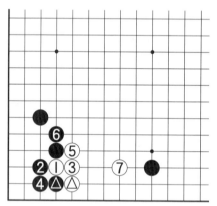

7도

7도(백, 충분)

백이 귀를 괴롭히자면 1의 끼움이 우선이다. 흑2, 4로 받으면 백5, 7로 벌려 백이 충분한 결말이다.

　이 그림은 [장면 4]의 1도와 비슷한데 ●와 △가 교환되어 있을 뿐이다.

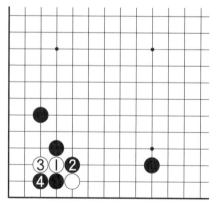

8도

8도(환원)

흑은 앞 그림이 싫다면 1에 2, 4로 몰아갈 수 있다. 그러면 [장면 4]의 2도로 환원된다.

화점 날일자굳힘과 벌림에서 (3)

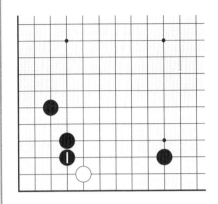

▓ 같은 환경에서 3번째 관문. 백의 저공 침투에 이번에는 흑1로 두점을 나란히 해 지킨 장면이다.

귀의 수단을 사전에 차단하려는 뜻인데, 그러면 어떤 공방이 벌어지는지 알아본다.

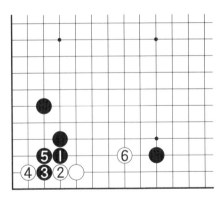

1도

1도(후환이 남는다)

흑1이면 백2, 4로 귀에 들어가 일단 붙여보는 것이 타이밍이다.

흑5로 잇는 것이 안전한데, 이때 백6의 눈목자 벌림은 얼핏 상식적이지만 후환이 남는다.

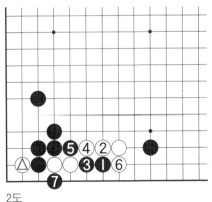

2도

2도(백, 손실이 크다)

흑1의 침입이 통렬하다. 이하 7까지 되면 변의 백 두점과 더불어 △까지 고스란히 잡히니 백의 손실이 크다.

187

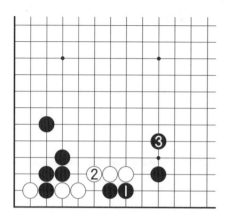

3도

3도(백 전체를 공격하다)

앞 그림의 2에 흑1은 백 전체를 공격하겠다는 뜻이다. 백2에 늘면 흑3의 뜀이 리듬이다.

　백은 근거를 잃었으니 괴로울 것이다.

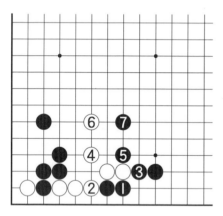

4도

4도(백, 수세에 몰리다)

흑1에 백2로 막고 4로 지키면 흑5, 7로 추격하는 것이 자연스럽다.

　역시 백이 수세에 몰려 괴로운 모습이다.

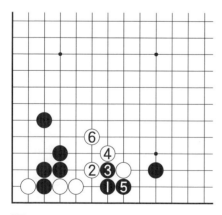

5도

5도(백, 엷은 모습)

흑1에 백2의 마늘모로 살짝 피해가도 흑3, 5면 백6으로 지켜야 하는데 백이 엷은 모습이다.

　그렇다면 백의 하변 벌림에 문제가 있다는 뜻인데~

장면 6 화점 날일자굳힘과 벌림에서 (3)

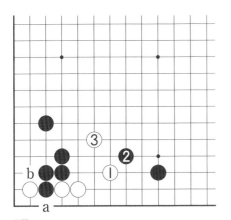

6도

6도(안정적 날일자 벌림)

백1의 날일자 벌림이면 안정적이다. 흑2의 공격에는 백3의 날일자로 벗어나는 것이 요령이다. 차후 귀는 백a, 흑b로 될 곳이다.

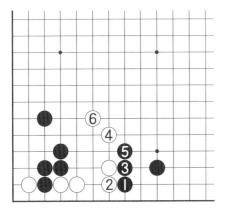

7도

7도(백, 자연스런 진출)

흑1로 뿌리 쪽을 공격하면 백2로 막은 후 6까지 진출이 자연스런 흐름이다.

어쨌든 백은 근거를 마련하며 달아나 타개가 편하다.

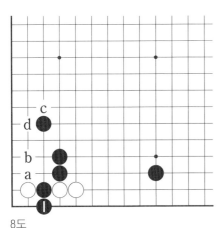

8도

8도(흑, 위험한 행동)

백이 귀에 들어가 붙일 때 흑1로 빠지는 것은 위험한 행동이다.

백은 a나 b가 언제든 선수라 c, d 등의 활용이 흑의 골칫거리로 남는다.

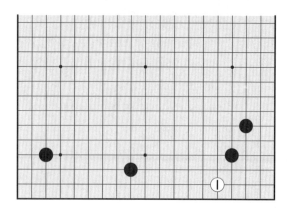

예제

▦ 예제 (흑 차례)

중국식 포석에서 화점 날일 자군힘이면 백1의 날일자 침투는 제법 많이 사용된다. 이후의 실전적 공방에 대해 알아보자.

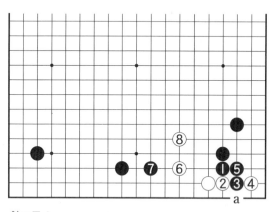

참고도 1

참고도 1(백, 여유로운 흐름)

흑1로 나란히 하면 백은 역 시 2, 4의 붙임을 활용한 후 6의 날일자로 벌린다. 흑7 로 다가서면 백8로 뛴다. a 의 연결이 남은 만큼 백이 여유로운 흐름이다.

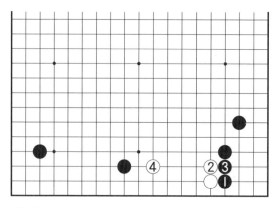

참고도 2

참고도 2(실전 수단)

여기는 흑1로 막고 백2, 4 로 간명하게 벌리는 흐름이 실전에서 많이 사용된다.

귀의 흑이 단단하지만 백 도 세칸을 벌릴 수 있으니 가볍다.

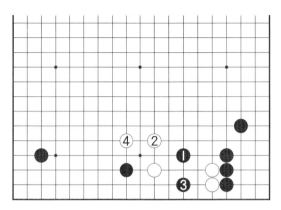

참고도 3

참고도 3(백, 중앙 중시)

이후 하변에서 흑의 공격법을 제시한다. 흑1로 비스듬히 씌우는 수가 많이 등장한다. 백2로 중앙에 진출하면 흑3으로 두점을 제압하고 백4의 모자로 움직인다. 백도 중앙 봉쇄를 피하자면 이렇게 두는 편이 좋다.

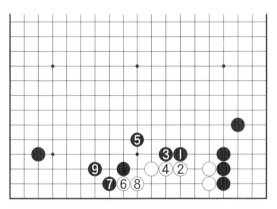

참고도 4

참고도 4(봉쇄)

흑1에 백2로 변을 지키면 흑3, 5로 봉쇄한다. 백6, 8로 살지만 흑9로 지키는 흐름이 두텁다.

일단 봉쇄되면 답답해서 일반적인 진행은 아니다.

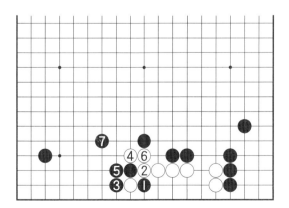

참고도 5

참고도 5(흑의 강공책)

앞 그림의 6에 흑1로 근거를 공격하는 방법도 있다. 그러면 7까지의 흐름이 연출된다. 흑의 강공책이었다.

장면 7
화점 날일자굳힘과 벌림에서 (4)

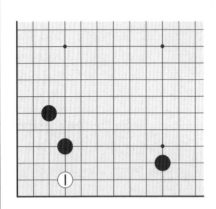

▨ 같은 환경에서 마지막 관문. 이번에도 저공 침투인데 백1의 한칸으로 더 깊이 스며든다.

처음부터 귀의 수비를 어렵게 하려는 뜻인데, 이후의 공방에 대해 알아본다.

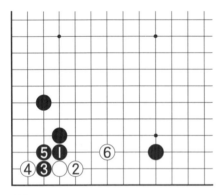

1도

1도(무난한 타개 흐름)
흑1로 부딪치면 백2로 나간 후 6까지 무난한 타개 흐름이다.

수순은 다르지만 [장면 6]의 6도와 같은 결과이기도 하다.

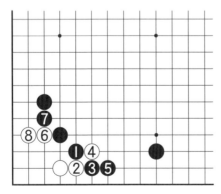

2도

2도(변에서 차단하면?)
흑은 1, 3으로 변에서 차단하는 수단을 생각할 수 있다.

그러면 백4로 끊은 후 6의 붙임이 요령이다. 다음 흑7로 막으면 백8로 늘게 되는데~

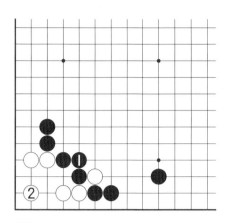

3도

3도(백, 실속을 차리다)

흑1이 효율적인 중앙 보강이며 그러면 백2로 귀를 살아야 한다.

이 결과는 백이 제법 알맞게 살았고 흑의 두터움에는 약점이 있으니 보통 백의 실속에 점수를 준다.

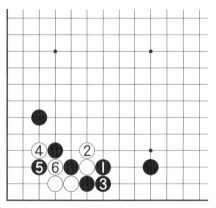

4도

4도(몰고 잇는 수법)

2도의 4에 흑은 1, 3으로 몰고 잇는 것이 한결 낫다.

다음 백4에 흑5로 젖히겠다는 뜻인데 백6에 끊으면 흑의 대응은 무엇인가?

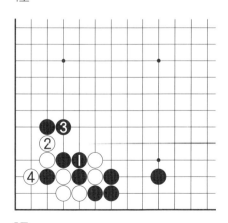

5도

5도(흑, 불만)

이때 흑1로 이으면 백2, 4로 귀에서 크게 살 것이다.

더불어 중앙도 완전하지 않으니 흑의 불만이 이만저만 아니다.

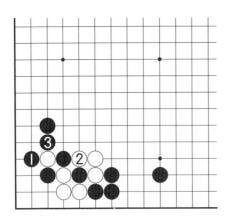

6도

6도(백, 상황에 따른 수법)

4도 다음 흑은 1로 한점을 잡겠다는 뜻이었다. 그러면 백2에 흑3. 백이 한점을 따내며 중앙을 관통했지만 전체가 한집도 없다.

백은 상황에 따라 이렇게 두기도 하지만 앞으로 시달릴 것이 뻔하다.

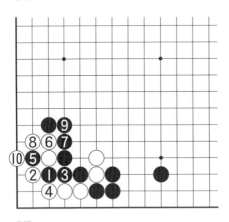

7도

7도(흑, 불만)

흑1에 백은 축이 유리할 경우 2의 젖힘으로 버틸 수 있다. 그러면 흑3에 잇고 5로 끊은 후 10까지의 변화가 일어난다.

백은 실속을 차리면서 중앙 두점의 숨통도 붙어 있으니 흑의 불만이다.

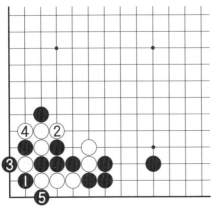

8도

8도(흑의 변화)

앞 그림의 6에 흑1로 잡는 변화도 있다.

그러면 일단 백2, 4로 막는다. 다음 흑5로 귀를 보강하면~

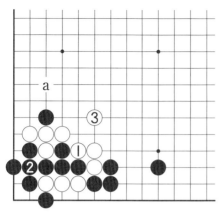

9도

9도(백, 충분)

백1, 3으로 중앙에 모양을 잡으면 충분하다.

경우에 따라 백3은 a도 가능할 것이다.

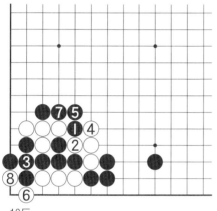

10도

10도(귀의 패를 고려해야 한다)

8도의 4에 흑1의 반발은 귀의 패를 고려해야 한다.

백4 이하 8로 먹여치면 패가 나는 모습인데 팻감이 많은 쪽이 단연 유리할 것이다.

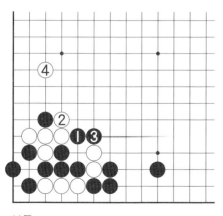

11도

11도(호각)

흑1에 백은 팻감이 불리하면 2로 나가 대응할 수 있다.

다음 흑3에 백4로 일단락인데 거의 호각이다.

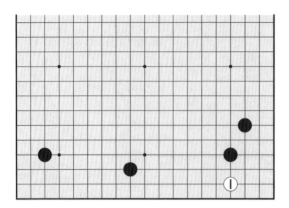

예제

▦ 예제 (흑 차례)

중국식 포석의 실전형에서 이번에는 백1의 한칸으로 깊숙이 침투했다.

이에 흑의 효과적인 작전을 구상해보자.

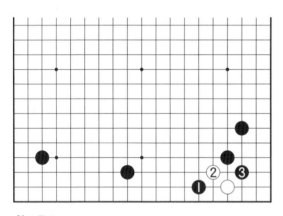

참고도 1

참고도 1(낮은 자세의 협공)

흑1의 낮은 자세로 백의 앞 길을 가로막는 수법이 유효하다.

백2로 나가면 흑3으로 귀를 지킨다.

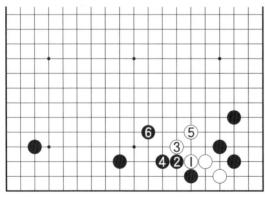

참고도 2

참고도 2(추격)

계속해서 백1 이하 5로 지키며 진출하지만 흑6으로 추격하는 흐름이 좋다.

백은 근거가 없는 만큼 수습하는 데 애로가 많을 것이다.

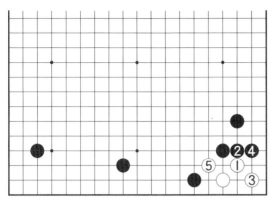

참고도 3

참고도 3(흑, 실속이 없다)

그래서 보통은 백1로 귀부터 들어가는데 일단 흑2로 막는다.

백3의 호구가 귀의 급소인데 이때 흑4로 귀를 공격하면 백5로 나가 이번에는 귀의 근거가 생긴 만큼 흑의 실속이 없다.

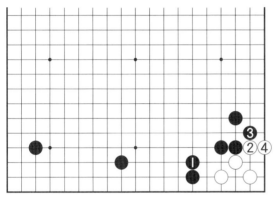

참고도 4

참고도 4(선수 봉쇄)

앞 그림의 3에 흑1로 나란히 서는 것이 급소이다.

그러면 백2, 4로 살아야 하는데 흑이 선수로 귀를 봉쇄한 형태이므로 백이 불리하다.

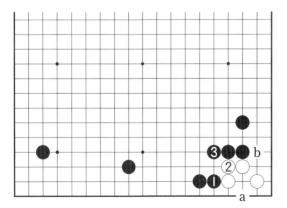

참고도 5

참고도 5(백, 선수 삶)

이 상황에서 흑1의 헤딩은 좀 더 타격을 가하려는 것이지만 백2의 선수만으로 귀는 살아있다.

a와 b를 맞보기로 삶을 확인하기 바란다. 결국 흑은 급소를 놓쳐 선수를 잃었다.

화점 한칸협공 정석 이후의 노림

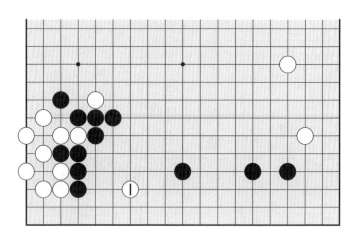

■ 좌하 형태는 화점 한칸협공에서의 정석 변화이다. 초점은 하변인데 무서운 노림이 숨어있다. 백1의 침투부터 노림은 출발하는데, 이후의 공방에 대해 알아본다.

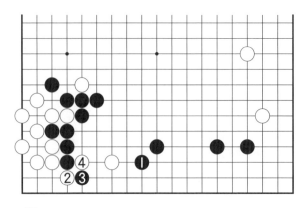

1도

1도(맥의 수순)
변에서 흑1로 일단 차단하고 싶을 것이다.

그러면 백2, 4로 젖히고 끊는 것이 노림이며 맥의 수순이다.

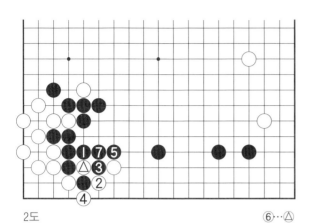

2도

6…△

2도(수가 크게 난다)

계속해서 흑1로 단수치면 백2, 4로 넘을 수 있다. 이 정도면 수가 크게 나지 않았는가.

다음 흑5로 막고 백6에 흑7로 이었다고 가정하면 흑의 좌측 하변은 초토화되었다. 무심코 백을 공격하려다 내부에서 이런 사단이 생겼다.

3도(중앙 탈출)

이런 수단을 흑이 차단하자면 노림의 근원이었던 곳에서 1의 마늘모가 탄력적 지킴이다.

그러면 백2, 4로 중원을 향해 자연스럽게 탈출한다.

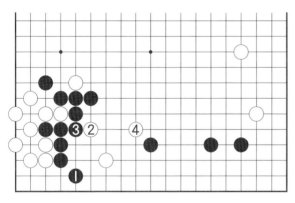

3도

4도(안에서 사는 모양)

흑1로 중앙에서 지키면 백2의 달림이 제격이다.

흑3에 물러서면 백4, 6으로 안에서 사는 모양을 만든다.

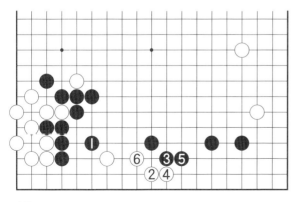

4도

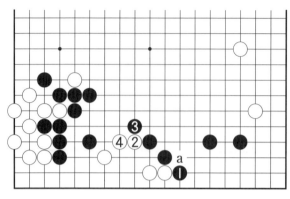

5도

5도(공간을 넓힌다)

그 과정에서 흑1로 막아
도 백2, 4로 공간을 넓히
면 a의 단점이 있는 만큼
사는 데 어렵지 않다.

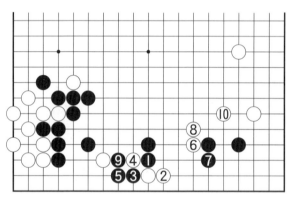

6도

6도(타개 요령)

4도의 2에 흑1로 강하게
부딪쳐 오면 백2로 나간
후 4에 끊어 단점을 만들
어 놓는다.

　그런 다음 백6에 붙이
는 식으로 타개하는 것이
요령이다. 이하 10까지
되면 변을 부수는 백의
전체적 흐름이 좋다.

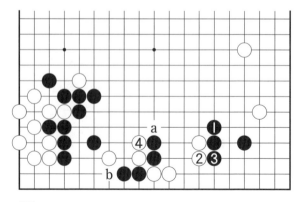

7도

7도(흑, 걸려들다)

앞 그림의 6에 흑1로 올
라서면 백2를 선수한 후
4로 밀어간다.

　그러면 a와 b가 맞보
기로 흑이 걸려들었다.

접바둑에서 2선의 침투를 방어하는 방법

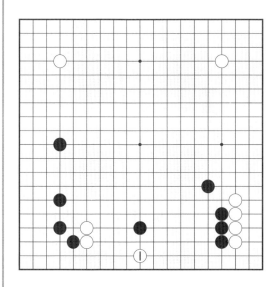

■ 하변의 형태는 보통 접바둑에서 많이 등장한다. 엄밀하게 지금은 4연성 포석에서의 초반 진행인데, 백1로 2선에 파고든 장면이다.

흑 진영을 부수며 백 두점을 타개하려는 뜻인데, 흑의 방어 방법에 대해 알아본다.

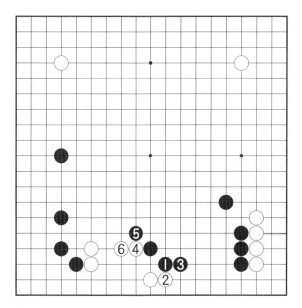

1도

1도(백, 대만족)

흑1의 마늘모로 물러서면 백은 2 이하 6까지 한껏 폭을 넓히며 살아 대만족이다.

흑이 너무 소극적인 자세로 임한 탓이다.

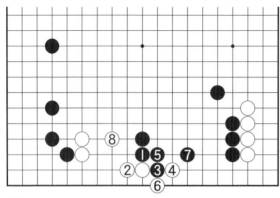

2도

2도(흑, 당함)

흑1의 헤딩도 족보에 있
는 수이지만 백2로 끌고
4, 6을 활용한 후 8로 지
키면 흑이 집으로 많이
당한 모습이다.

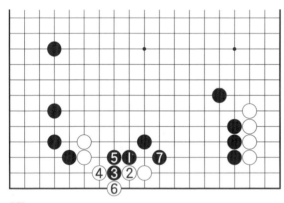

3도

3도(흑, 만족)

흑은 1, 3으로 정면에서
차단하는 것이 좋다.

이때 백2, 4로 건너가
면 흑5, 7로 지키는데 백
전체가 초라한 만큼 흑의
만족이다.

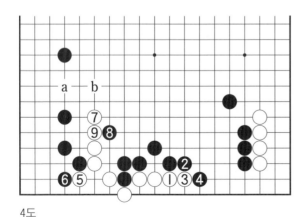

4도

4도(의미 없는 탈출)

다음 백은 탈출이 시급한
데 1 이하 5로 이쪽저쪽
선수해도 미생이며 7로
의미 없이 탈출할 수밖에
없다. 그러면 흑8로 무겁
게 한 후 a로 일단 지키
든 b로 직접 공격하든 백
이 불리한 국면이다.

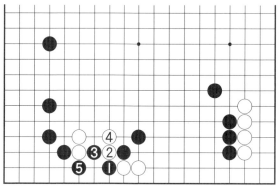

5도

5도(백, 기회 상실)

흑1의 젖힘에는 백도 일단 2로 끊는 것이 기세의 반발이다. 이때 흑3의 단수라면 백도 기회가 생기는데 백4에 나가면 그 기회를 잃는다. 흑5로 넘어가면 백이 양쪽으로 갈라진 만큼 불리할 테니까.

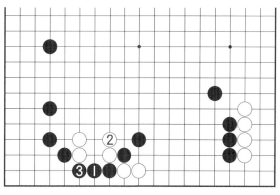

6도

④‥△

6도(백, 변에 진입)

앞 그림의 3에 백은 1, 3으로 넘고 볼 일이다.

초반무패인 만큼 흑4에 이으면 백5를 선수한 후 7로 변에 진입해서 백은 타개 흐름이 좋다.

7도

7도(흑의 정수)

따라서 백이 끊을 때 흑1로 나가는 것이 정수이며 백2로 늘면 흑3에 연결해서 좋다.

그러면 이다음의 변화를 알아보자.

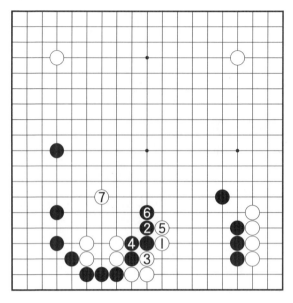

8도

8도(난전)

일단 백1의 붙임은 흑 모양의 급소이다. 이때 흑2로 늘면 백3, 5를 선수한 후 7에 진출해서 난전의 양상이다.

백도 이런 진행이면 싸울 수 있는 모양이다.

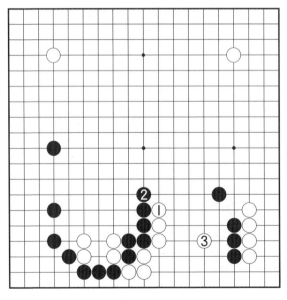

9도

9도(한쪽과 맞붙는다)

백이 양쪽으로 갈라진 전투가 부담스러울 경우 백1, 3으로 한쪽은 대충 포기하면서 오른쪽 흑과 맞붙어 싸울 수도 있다. 그러면 갈 길이 분명해서 백이 편할지도 모른다.

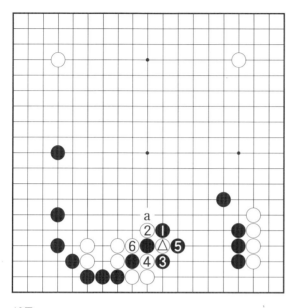

10도

10도(기세의 젖힘)

백의 붙임에 실은 흑1의 젖힘이 좋은 수단이다. 이럴 때는 뒤를 염려해서는 안 된다. 백2의 끊음이 그 염려인데 그러면 흑3, 5로 기세 좋게 한점을 따낸다. 물론 백도 6으로 한점을 잡고 관통하지만 이때 흑이 △ 자리에 이으면 백a로 늘어 모양이 좋아지므로 흑도 이 정도는 주의해야 한다.

그럼 흑은 어떻게 두는가?

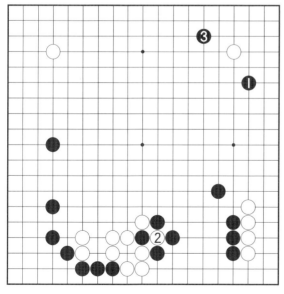

11도

11도(흑, 활발)

흑은 잇지 말고 1로 향한다. 일종의 팻감공작이다. 백2면 흑3의 양걸침. 흑의 행마에 속도가 붙었다.

이런 식의 흐름이면 백은 두텁지만 다소 중복이고 흑은 활발하다.

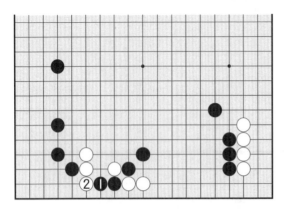

예제

▦ 예제 (흑 차례)

이 상황에서 흑1에 늘 때 백 2로 막았다.

얼핏 흑이 괴로워 보이지 만 실은 난국을 타개하는 좋은 길이 숨어있다. 그 길 을 찾아보자.

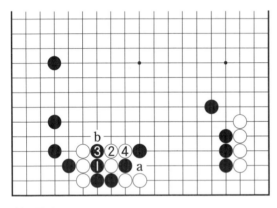

참고도 1

참고도 1(갈래 길에서)

일단 흑1, 3으로 나가는 것 은 당연하다.

다음 백4의 단수에서 갈 래 길이 나오는데, 이때 흑 a로 이으면 백b로 아주 간 단히 넉점이 잡히므로 우선 흑이 주의해야 한다.

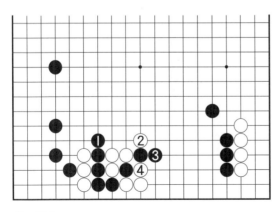

참고도 2

참고도 2(백이 풀렸다)

계속해서 흑1로 가던 길을 그냥 나오면 백2, 4가 좋은 수순으로 흑의 다음 수가 마땅치 않다. 백이 풀렸다 는 뜻이다.

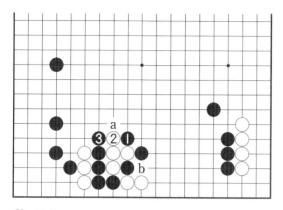

참고도 3

참고도 3(좋은 길)

흑1, 3으로 몰고 나오는 것이 좋은 길이다.

다음 백a로 나가면 흑b로 이어서 백 전체가 와해된다.

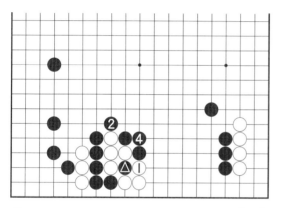

참고도 4　　　　　③…△

참고도 4(백, 옹색)

따라서 백1로 따낼 텐데 흑2로 몰고 4로 이으면 백은 우형으로 살아서 옹색하다.

흑은 전체가 군더더기 없이 두터운 모양 아닌가.

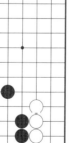

참고도 5　　　　　④…△

참고도 5(백, 험난)

그렇다고 흑1에 백2로 급히 따내도 흑3, 5로 석점을 잡으며 지키는 자세가 좋다.

백은 6의 단수로 약간 숨통이 트이지만 역시 무거워서 앞길이 험난하다.

세칸 높은 벌림에서의 침투 이후 (1)

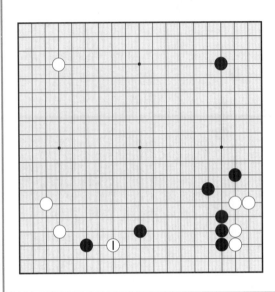

■ 2연성 포석에서 자주 등장하는 초반 진행이다.

하변 흑 모양이 커지기 전에 세칸 높은 벌림의 틈새를 파고들며 백1로 침투한 장면이다. 이후의 공방에 대해 알아본다.

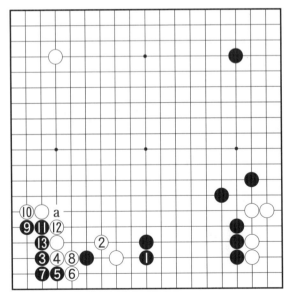

1도

1도(백2, 미흡)

우선 흑1은 변을 중시한 반듯한 지킴인데 세력 배경에서 소극적인 느낌이 든다.

이때 백2의 마늘모로 나가면 흑3의 3三침입 후 13까지 귀의 실리가 좋고 a의 약점도 남아, 이 결과는 백이 미흡하다.

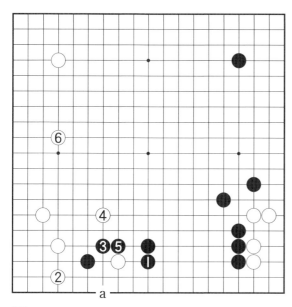

2도

2도(백, 효율적 발상)

흑1에는 차라리 백2로 귀를 지키는 것이 실속 있고 효율적이다. 흑3으로 포위하면 이제는 변의 한 점을 활용해서 4, 6으로 모양을 넓힌다.

백6은 달리 두는 수도 있겠지만 이런 발상이 중요하다. 하변 흑집은 a의 끝내기를 당하면 얼마 되지 않는다.

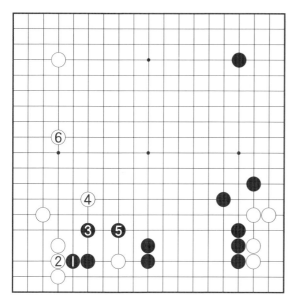

3도

3도(대국적 자세)

흑1, 3으로 뛰어나오더라도 백4, 6으로 변의 한 점을 활용하는 작전에는 변함이 없다.

이런 흐름이 백의 대국적 자세이다.

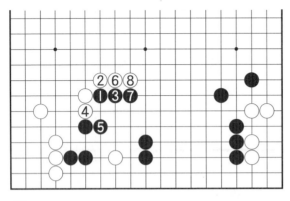

4도

4도(좌변 팽창)

앞 그림의 4에 흑1로 붙여 중앙을 키우려 하면 백2 이하 8로 계속 밀어가서 좋다.

흑 모양은 커봤자 제한되며 좌변 백 모양의 팽창이 무섭다.

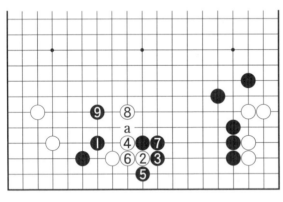

5도

5도(백, 피곤)

장면 다음 흑1의 마늘모 포위는 너무 여유롭다. 이때 백2, 4의 수순은 무거운 행동이다.

흑이 5, 7로 변을 정돈하면서 9로 추격하면 a의 약점도 있는 만큼 백이 피곤한 모습이다.

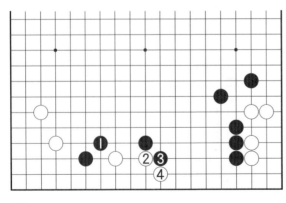

6도

6도(수습 요령)

흑1에는 백2, 4로 밑에서 젖히는 것이 수습 요령이다.

이후의 변화는 레벨업 예제에서 다룬다.

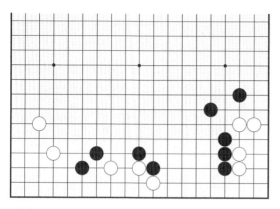

예제

▦ 예제 (흑 차례)

장면의 6도를 옮겨왔다. 백이 하변에서 탄력적인 모양으로 수습하는 중인데, 흑의 착수에 따른 공방에 대해 알아보자.

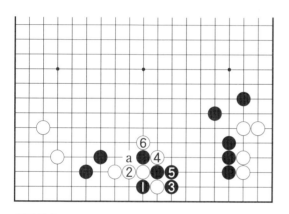

참고도 1

참고도 1(자연스런 중앙 단수)

흑1, 3으로 한점을 잡으면 백4, 6으로 자연스럽게 중앙 한점을 단수친다.

다음 흑a로 나가면 어떨지 염려스럽겠지만~

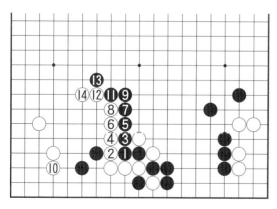

참고도 2

참고도 2(백 모양이 크다)

흑1로 나가면 백2의 단수부터 8까지 계속 밀어간 후 10으로 귀의 지킴이 유연한 발상이다. 흑11의 꼬부림이 요소이지만 백은 12, 14로 받아둔다.

그러면 흑보다 귀를 포함한 백 모양이 크다.

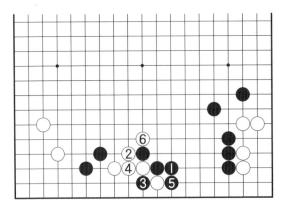

참고도 3

참고도 3(백, 탄력적 자세)
처음으로 돌아가, 흑1로 늦추면 백2의 호구가 탄력적이다. 흑3, 5로 한점을 잡을 때 백6의 단수 한방이 기분 좋다. 흑진이 이렇게 눌려서야 좋을 리 없다.

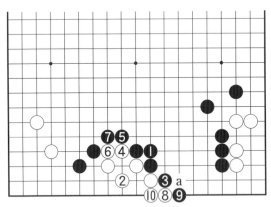

참고도 4

참고도 4(재빨리 살아둔다)
흑1로 꽉 이으면 상대에게 리듬을 주지 않지만 백2로 지켜 충분하다. 흑3에 막을 때 백4 이하 10까지 재빨리 살아둔다.

　흑진이 다치지 않으려면 아무래도 a에 이어야 하는데 다음 선수가 넘어가니 백이 활발한 국면이다.

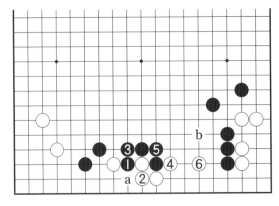

참고도 5

참고도 5(타개가 어렵지 않다)
흑1로 단수치고 3으로 잇는 것은 상대의 탄력을 없애려는 뜻이지만 백4, 6으로 흑진영에서 터를 잡고 사는 흐름이니 백이 나쁠 리 없다. 다음 a와 b가 노출되어 백의 타개가 어렵지 않을 것이다.

세칸 높은 벌림에서의 침투 이후 (2)

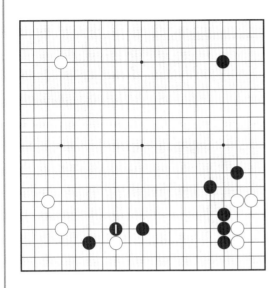

■ 같은 환경에서 이번에는 흑1로 붙여 봉쇄한 장면이다.

실은 이렇게 두는 것이 외세를 살리는 타이트한 방법이다. 이후의 공방에 대해 알아본다.

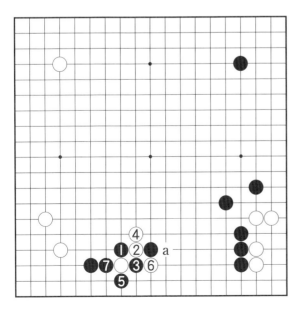

1도

1도(백, 곤란)

우선 흑1에 백2의 끼움이 듣는다면 효과적일 텐데 이 포석 환경에서는 흑3, 5로 한점을 잡아버린다. 그러면 백6 다음 a의 축이 불리한 백이 곤란하다.

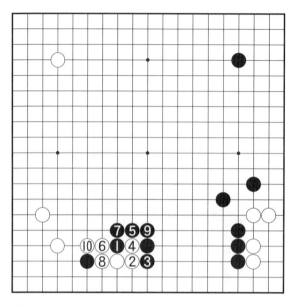

2도

2도(흑, 중복)

따라서 흑1에는 일단 백
2로 그냥 늘고 흑의 선택
을 기다린다.

이때 흑3으로 변에서
막으면 이하 10까지의 변
화가 예상된다. 이 결과
는 흑이 변을 지켜도 중
복된 모습이다.

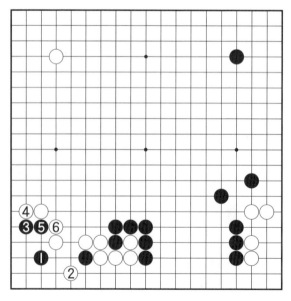

3도

3도(흑, 죽은 목숨)

더구나 좌하 백 진영은
튼튼한 모습이다.

흑1로 3三에 침입해도
백2로 방어하면 흑이 안
에서 수를 내기 어렵다.
이하 6까지면 흑이 거의
죽은 목숨이다.

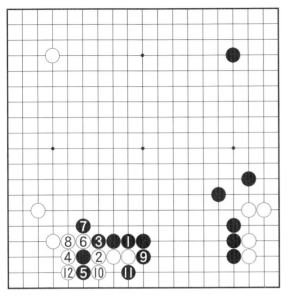

4도

4도(흑, 만족)

따라서 2도의 2에 흑1로 위에서 두텁게 막는 것이 정수이다. 이때 백2, 4로 귀와 연결을 도모하면 어떨까?

그러면 흑5로 두점을 잡혀주는 대신 7 이하 11로 이쪽저쪽 선수로 활용해서 흑의 만족이다.

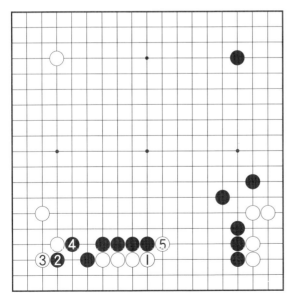

5도

5도(변과 차단)

앞 그림의 3에 활용을 눈치 채고 이제 백1로 변에 밀고 들어가면 이번에는 흑2, 4로 활용하며 변과 차단한다.

그러면 백5로 일단 하변을 돌봐야 하는데~

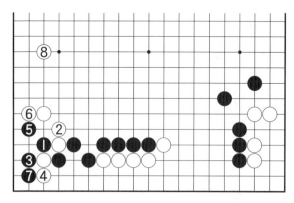

6도

6도(흑, 만족)

흑은 1로 끊으며 7까지 귀를 장악한다.

백8의 벌림이 필요하므로 이 결과는 선수로 귀의 실리를 차지한 흑이 만족이다.

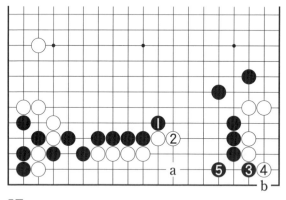

7도

7도(흑의 노림)

덧붙여 흑은 우하귀와 연계해서 하변 백을 공략하는 노림도 있다.

흑1을 선수하고 3, 5의 호구 행마가 그 과정인데 다음 a와 b를 노리면 백이 피곤한 모습이다.

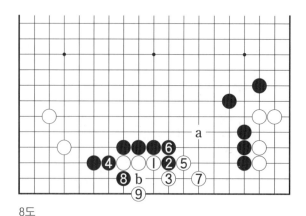

8도

8도(정돈)

따라서 백도 그냥 1로 밀어가는 것이 정수이다. 다음 흑2, 4로 젖히고 막음은 하변을 압박하는 하나의 방법인데 그러면 백은 5 이하 9로 정돈한다.

차후 흑a로 봉쇄해도 백b면 사는 데 이상 없다.

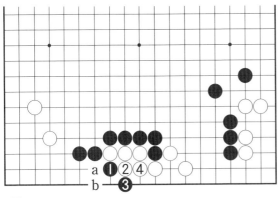

9도

9도(백의 부담)

그런데 이 과정에서 흑1로 젖힐 때 백2로 막았다간 흑3의 단수 한방까지 당해 백 모양이 무너진다. 당장은 아니라도 백a로 사는 경우에 흑b의 패맛이 남았으니 백은 두고두고 부담일 것이다.

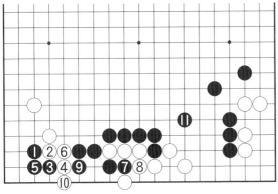

10도

10도(백, 무리한 차단)

8도에서 하변을 내준 흑은 1로 침입해 귀에서 대가를 구한다. 다음 흑3에 백4, 6은 앞을 내다보지 못한 차단이다. 흑이 7, 9를 선수한 후 11로 봉쇄하면 백은 우하귀까지 상당히 시달릴 것이다.

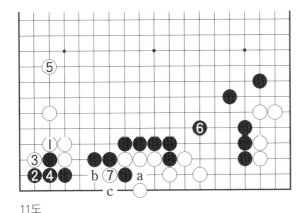

11도

11도(타협)

따라서 백은 1, 3으로 처리한 후 5로 벌릴 곳이다. 흑6이면 백7이 a보다 약간 이득이다. 그래야 흑b면 백c로 넓게 산다.

아무튼 서로 무난한 진행인데 흑이 세력 활용을 제대로 못하면 어려움에 처할 수 있다.

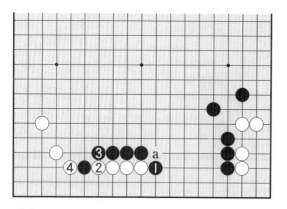

예제

▦ 예제 (흑 차례)

흑1로 젖힌 시점에서 백2, 4면 어떨까?

백은 a의 약점을 남긴 만큼 이제 귀와 연결해도 좋다는 뜻인데 흑의 대응책을 생각해보자.

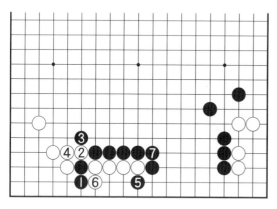

참고도 1

참고도 1(흑, 후수)

이제는 흑1로 키운 후 3, 5의 활용이 빛을 보지 못한다. 7의 약점이 남아 여기를 흑이 이어야 세력이 완전한데 후수이지 않는가.

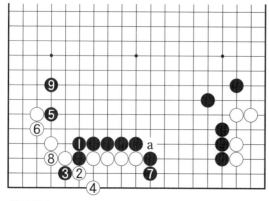

참고도 2

참고도 2(흑 모양이 넓다)

지금은 흑1로 위를 이어 백2로 넘겨주는 편이 낫다.

다음 흑3을 활용한 후 5의 붙임이 맥점이다. 귀가 엷어 백6으로 물러서야 하는데 흑7을 선수해 a의 약점을 해결한 후 9로 뛰면 흑 모양이 넓어 충분하다.

세칸 높은 벌림에서의 침투 이후 (3)

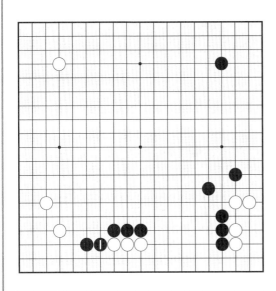

▨ 같은 환경에서 이번에는 흑1부터 막은 장면이다.

하변을 결정하지 않아 뭔가 허술해 보이지만 실은 선이 굵고 노림이 강한 수법이다. 일종의 허허실실 작전인데, 이후의 공방에 대해 알아본다.

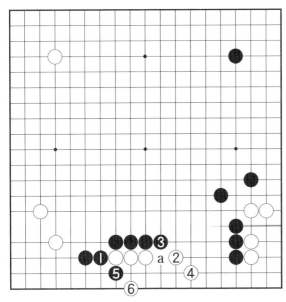

1도

1도(모양의 처리법)

흑1에는 백2의 뜀이 보통인데, 이때 흑은 a에 끼우지 않고 그냥 3이 좋다. 다음 6까지는 [장면 11]에서 배웠던 이 모양의 처리법이다. 실은 흑의 첫 번째 노림이 여기에 숨어있는데~

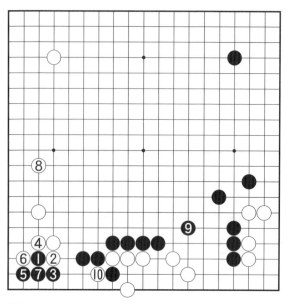

2도(요령)

계속해서 흑1로 침입하면 백2 이하 6으로 처리한 후 8에 벌리고, 흑9로 봉쇄하면 백10으로 끊는 요령도 배운 바 있다.

2도

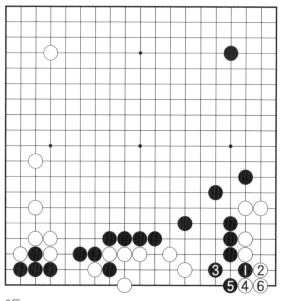

3도(귀를 굴복시킨 이후)

여기서 만일 흑1, 3의 호구로 귀를 위협해서 6까지 굴복시킨다면 그동안 기다렸던 흑의 노림이 발동한다.

물론 하변의 백 대마가 목표물인데 과연 어디가 급소일까?

3도

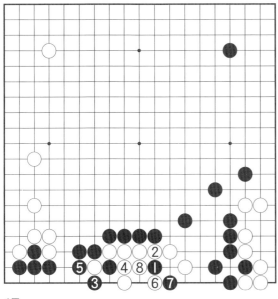

4도

4도(사활)

흑1의 치중이 급소이다.
백2에 흑3, 5로 한점을
잡는다.

이제 백 모양은 본격
사활인데 6, 8로 패가 나
는 모습이다. 1도 흑3으
로 그냥 늘었던 이유이기
도 하다.

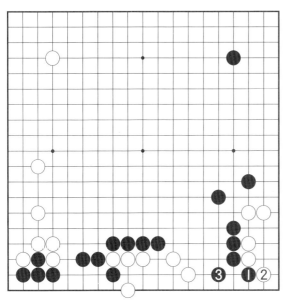

5도

5도(실전적 선택)

거슬러 올라가 하변을 봉
쇄하기 전에 먼저 흑1, 3
으로 귀부터 두는 것도
여러 변수를 차단하기 위
한 실전적 선택이다.

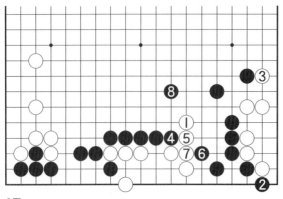

6도

6도(양쪽이 시달린다)

백1로 진출하면 흑2로 귀에 타격을 가한 후 4 이하 8로 재차 봉쇄하는 식으로 공격한다.

그러면 하변이든 우변이든 양쪽의 백이 상당히 시달릴 모양이다.

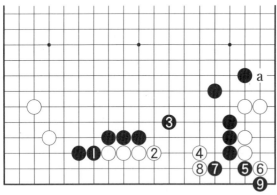

7도

7도(흑이 두터워질 뿐)

흑1에 백2로 늘면 흑3의 봉쇄가 그럴듯하다. 이때 백4로 폭을 최대한 넓힌다고 능사가 아니다. 흑5, 7이 변에 선수이므로 9로 젖히면 귀의 백 모양이 엷다. 백은 a로 붙여 수습해 가겠지만 그럴수록 흑이 두터워질 뿐이다.

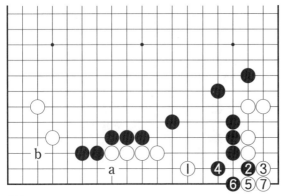

8도

8도(우선 견딜 수 있다)

백은 1의 낮은 자세로 보폭을 줄이는 것이 나을 것이다. 그러면 흑2, 4에 우선 5, 7로 견딜 수 있을 것이다. 흑도 a의 활용을 담보로 b의 침입이 가능하고 하변도 노리면서 두면 충분하다.

근거가 부실한 곳에서의 타개 방법

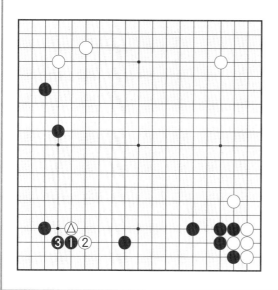

▨ 중국식 포석에서 진행된 초반인데 백△로 침투하자 흑1, 3으로 귀를 지키며 근거를 공격한 장면이다.

이럴 경우 뿌리가 약해진 백은 어떻게 타개할지 알아본다.

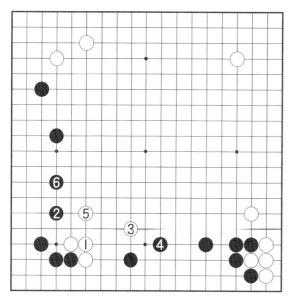

1도(백, 무거움)

우선 백1의 이음은 단단하지만 벌릴 곳이 없는 만큼 무겁다.

따라서 백3, 5로 중앙으로만 향할 뿐 6까지 모든 실속은 흑이 차지하고 있다.

1도

223

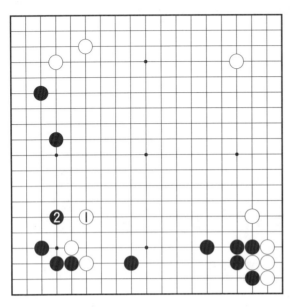

2도

2도(후속수단이 없다)
백1의 날일자면 꼭 잇는
것보다 가벼워서 좀 나을
것이다. 그러나 흑2 다음
후속수단이 마땅치 않다.
백은 더 효율적인 구
상이 필요하다.

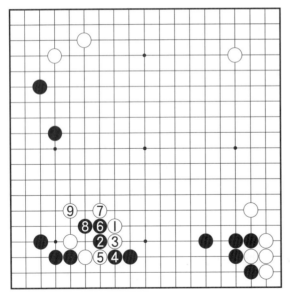

3도

3도(백1, 탄력적 행마)
백1의 발전자가 좌변과
하변을 바라보는 탄력적
행마이다.
이때 흑2로 가르고 들
어오면 백3, 5로 차단한
후 7, 9의 장문으로 씌워
가는 것이 요령이다.

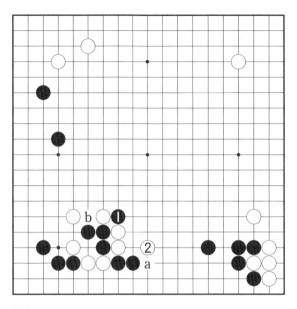

4도

4도(어딘가 파괴될 모양)
그러면 흑의 다음 행마가
고민인데, 흑1로 끊으면
백2가 날렵하다.

그런 후에 a와 b를 맞
보면 흑이 어딘가 파괴되
는 모양이다.

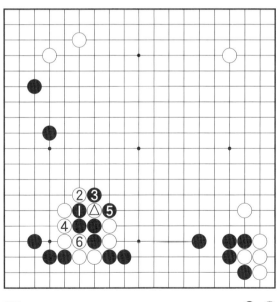

5도

5도(돌려치는 기술)
3도 다음 흑1, 3으로 나
와 끊으면 백4, 6으로 돌
려치는 것이 좋다.

이런 수순은 대표적인
바둑의 기술로 알아두기
바란다.

❼‥△

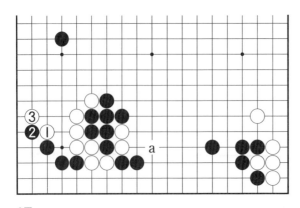

6도

6도(좌변 파괴)

그런 후에 백1, 3으로 붙여 젖히면 귀를 압박하며 좌변을 파괴하는 백의 타개 흐름이 좋다.

하변도 a로 움직이는 맛이 있는 만큼 흑이 기분 나쁘다.

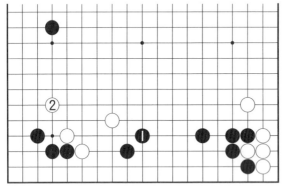

7도

7도(좌변 삭감)

지금까지 흑의 직접 공격은 실속이 없었다.

따라서 변에서부터 움직여야 할 텐데 하변이면 흑1 정도인데 백2로 좌변을 삭감하며 타개하는 흐름이 자연스럽다.

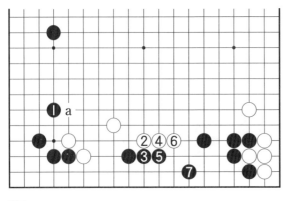

8도

8도(하변을 눌러간다)

흑1로 좌변을 중시하면 백2 이하 6으로 하변을 눌러가서 좋은 흐름이다.

이후 백은 a의 붙임을 활용할 수 있어 보기보다 두터운 모양이다.

장면 14

소목 날일자굳힘 배경에서 변의 침투

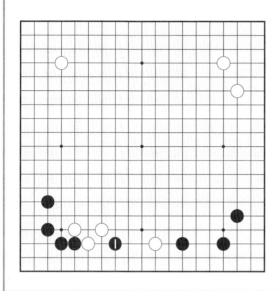

▨ 양소목 날일자굳힘 포석에서 많이 등장하는 초반 진행이다.

하변에서 백이 손을 빼면 흑1의 침투는 상용수단이다. 이후의 공방에 대해 알아본다.

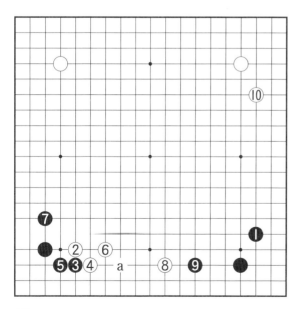

1도

1도(과정)

양소목에서 흑1의 날일자굳힘 포석이 배경이다. 백2로 걸친 후 8까지는 자주 나오는 정석이다.

흑9로 다가설 때 백은 손을 빼고 10으로 굳혔다. 그러면 a의 약점이 노출되는데, 장면은 흑이 즉시 침투를 강행했다.

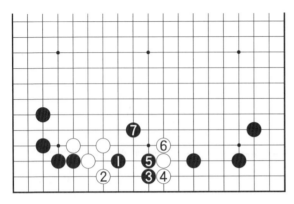

2도

2도(백, 양곤마)

흑1에는 일단 백2의 마늘모 수비가 필수이다.

그런데 흑3으로 건넘을 엿볼 때 백4의 막음은 단순한 생각이다. 흑5, 7로 진출하면 백이 양곤마가 되어 곤란하다.

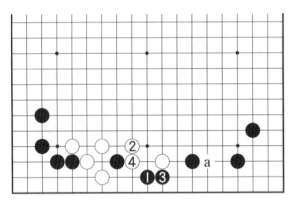

3도

3도(대국적 씌움)

흑1에는 백2의 씌움이 대국적인 생각이다. 그러면 흑3의 건넘을 허용해도 백4로 누르면 두터운 모양이다.

우하 흑진은 a로 붙여 교란하는 맛도 있어 완전하지 않다.

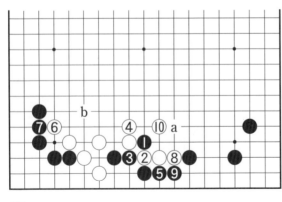

4도

4도(상용 진행)

앞 그림의 2에 흑도 1의 건너붙임이 모양을 정리하는 맥점이다. 그러면 백2로 받은 후 10까지 상용 진행이다.

이 모양에서는 흑이 상황에 따라 a와 b의 활용이 남은 만큼 편하다.

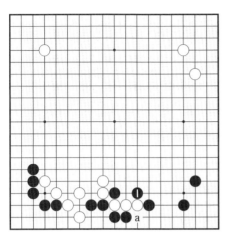

▦ 예제 (백 차례)

이 상황에서 흑이 a로 건너지 않고 1로 젖혀왔다. 흑의 생각대로만 간다면 상당히 유력하다.

그렇지 않다면 백의 찬스일지도 모르는데 어떻게 일격을 가할지 숙고해보자.

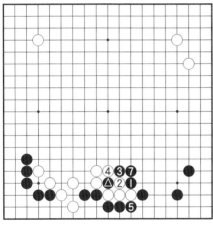

참고도 1(흑, 완벽한 처리)

흑1에 백2는 당연한데 흑3의 단수부터 고민이 시작된다.

이때 백4로 잡으면 흑5, 7로 흑의 처리가 완벽하다. 백은 모양이 뭉쳐있어 좋을 리 없다.

⑥‥▲

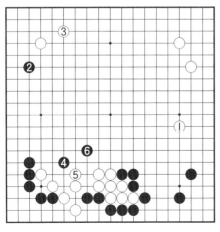

참고도 2(모양을 확장하며 공격)

다음 백1로 큰 곳에 벌린다고 예상하면 이다음 흑은 2로 걸친 후 4, 6으로 백 전체를 공격하면서 모양을 확장할 수 있다. 졸지에 하변 백은 미생 아닌가.

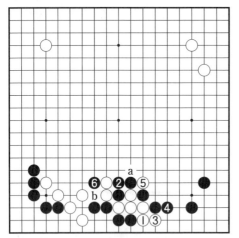

참고도 3(과연 맥점이 통할까?)

이 상황에서 백1로 나가면 어떨까. 흑2로 이으면 물론 백3으로 하나 민 후 5에 끊을 것이다.

다음 a의 축을 보고 있는데, 이때 흑6의 붙임이 부분적으로 b의 관통도 보면서 축을 방어하는 맥점이다.

과연 이것으로 흑이 난관을 돌파할까?

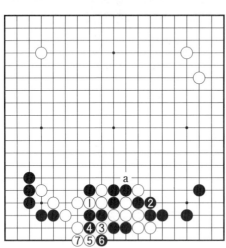

참고도 4(백승)

다음 백1로 차단하면 흑2로 잇겠다는 뜻인데 그러면 일단 a의 축은 방어한다.

그런데 아래쪽 수상전에 문제가 생겼다. 백3으로 끊은 후 5, 7이면 백승 아닌가.

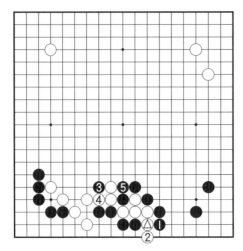

참고도 5(흑승)

그래서 백△로 나갈 때 흑1로 따라 모는 것이 정확하다.

이때 백2로 빠지면 흑3, 5의 수순을 밟는다. 그러면 수상전은 앞 그림과는 달리 흑승이다.

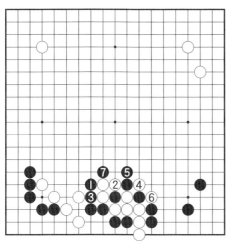

참고도 6(흑, 만족)

흑1에 이제 와서는 백2로 잡을 수밖에 없을 것이다.

그러면 흑3으로 관통한 후 7 까지의 진행이 예상되지만 좌측 백도 미생인데다 중앙 백이 옥집 으로 되어있어 흑의 만족이다.

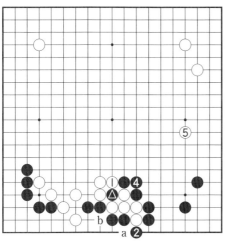

참고도 7(백, 두터운 모양)

이 시점에서 실은 백이 2로 빠지 지 말고 1로 따낼 타이밍이었다. 그러면 흑2의 단수 후 4로 이을 텐데 다음 백은 5의 큰 곳을 벌 려도 후환이 두렵지 않아 충분한 흐름이다. 이제 하변 백은 a와 b 로 죄는 맛이 있어 **참고도 1**과는 달리 두터운 모양이 되었다.

③‥▲

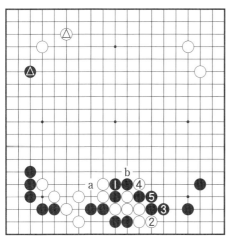

참고도 8(교환의 효과)

흑▲의 걸침과 백△의 받음이 교 환되어 있다면, 이 시점에서 흑1 의 이음이 유효하다. 백2로 수를 늘리고 4에 끊어도 이제 흑은 a 의 공작이 필요 없으니 5로 이으 면 그만이다. b의 축은 ▲의 작 용으로 흑이 유리하기 때문.

하변 수상전은 공배가 있어 이 제 흑승이다.

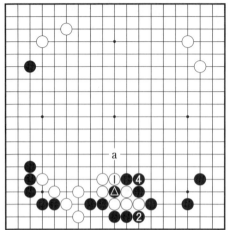

참고도 9(백, 미생이라 무겁다)

그렇다면 백도 2로 나가지 못하고 1로 따내야 할 텐데 이제 흑 2, 4로 깔끔히 처리해서 부분적으로 **참고도 1**의 환원이다.

백은 미생이라 무겁고 흑은 발전성이 높은데 이후 a 자리도 하변 백을 공격하는 요소이다.

③‥△

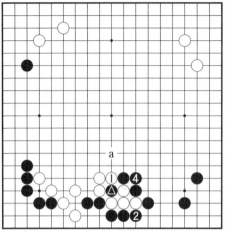

참고도 10(무난한 진행)

그래서 흑1로 걸치면 백2의 보강도 한수의 가치로 충분하다.

흑3의 양걸침이면 백4로 붙인 후 10까지 예상되지만 서로 무난한 진행일 것이다.

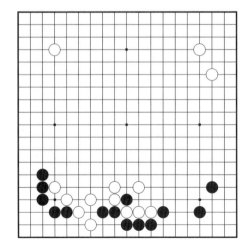

참고도 11(침투 이후 무난한 진행)

결론적으로 이 포석에서 흑이 하변에 침투하면 장면의 4도에서 보았듯 이런 모양의 진행이 서로 무난하지 않을까 싶다.

물론 변수란 항상 존재하므로 그건 다른 도전과제일 뿐이다.

소목 눈목자굳힘 배경에서 변의 침투 (1)

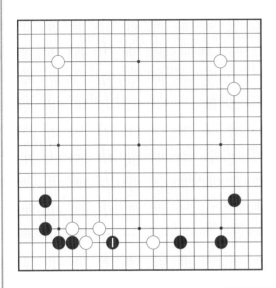

▨ 이번에는 양소목 포석에서 눈목자굳힘이 배경이다. 역시 하변에서 흑1의 침투는 상용 수단이다.

이후 눈목자굳힘의 특징으로 인해 서로의 선택지가 늘어나는데 그 변화와 공방에 대해 알아본다.

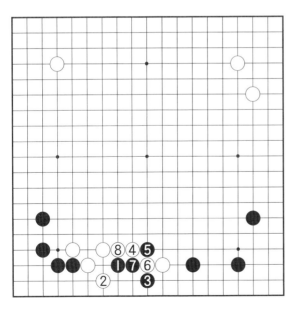

1도

1도(백8, 두터운 이음)

흑1에 백2의 방어는 필수. 흑3에 엿보면 백4의 씌움도 당연하다.

다음 흑5, 7에 이번에는 백8의 이음이 두텁다.

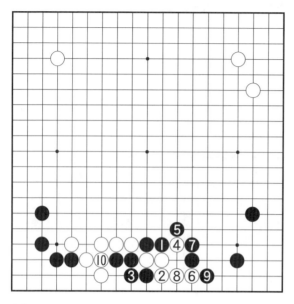

2도

2도(흑, 죽음)

이때 흑1로 잡으려 하면
백2를 선수한 후 4, 6의
수순이 기다린다. 다음
흑7, 9로 막는 정도인데
수상전 모양이 되었다.

　서로 4수. 백이 선수
이니 10으로 흑의 죽음
이다.

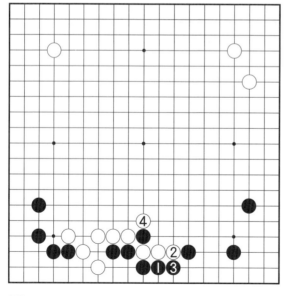

3도

3도(부분적 타협)

따라서 1도 다음 흑1의
연결이 정수인데 백2, 4
로 한점을 단수치는 데까
지 일단락이다.

　부분적으로 타협인데
이 한점이 움직이기 어렵
다면 백이 두터운 자세를
취해 충분한 모습이다.

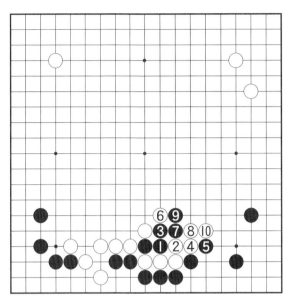

4도

4도(중앙 전투)
흑1로 한점을 움직여보
자. 그러면 서로 버티면
서 이하 10까지 중앙 전
투로 번진다.

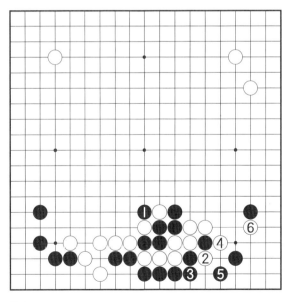

5도

5도(눈목자굳힘의 약점)
계속해서 흑1과 백2의 양
단수로 서로 보강하는 흐
름일 텐데 흑3, 5로 넘을
때 백6에 건너붙이면 귀
의 흑진이 차단된다.

　백은 눈목자굳힘의 약
점을 공략했다. 만일 우
하귀가 날일자굳힘이라
면 오히려 백이 시달릴
게 뻔하다.

소목 눈목자굳힘 배경에서 변의 침투 (2)

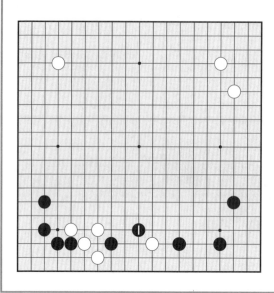

▧ 같은 환경에서 이번에는 흑1로 씌운 장면이다.

눈목자굳힘에서 실은 이 씌움이 유력한데, 이후의 공방에 대해 알아본다.

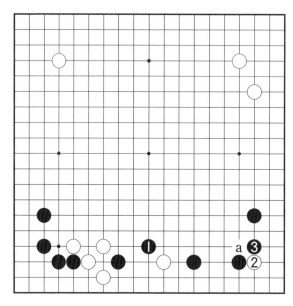

1도

1도(귀의 응수타진)

흑1이면 눈목자굳힘의 약점을 파고들며 백2에 붙여 응수를 물어보는 것이 효율적 작전이다.

흑3의 젖힘이면 a의 활용을 남기며 백이 둘 테지만~

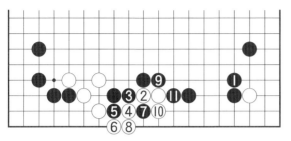

2도

2도(필연적 공방)

그래서 흑1로 받는 경우도 많은데 이를 배경으로 하변의 변화를 알아보자. 백2 이하 흑11까지는 필연적인 공방이다.

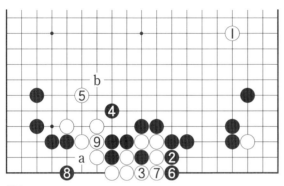

3도

3도(흑4, 모양의 급소)

여기서 백이 1로 큰 곳을 벌리며 하변을 방치해도 될까?

그러면 흑2 다음 4 자리가 모양의 급소이며 6, 8까지 선수해둔다. 백9를 두지 않으면 a의 약점으로 패가 남으니 생략할 수 없다. 이후 흑b로 압박해가면 백이 괴로울 것이다.

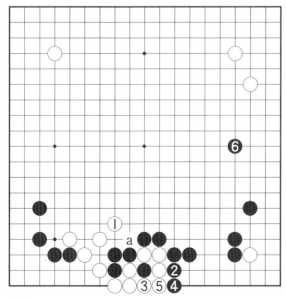

4도

4도(흑, 대세 주도)

따라서 2도 다음 백1의 지킴이 일반적이다.

그러면 흑은 2, 4를 결정한 후 6으로 폭을 넓히는 식으로 누며 대세를 주도할 수 있다. 이때 a의 약점은 사소할 뿐이다.

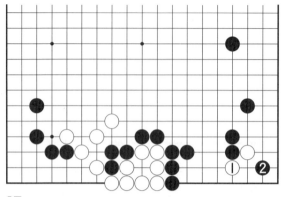

5도

5도(흑의 자신감)

여기서 흑의 자신감은 우하 진영이 모두 흑집으로 굳어졌다는 데 있다.

가령 백1로 젖혀 수단을 구하면 흑2의 치중 한 방으로 끝인데, 이후의 변화는 레벨업 예제에서 확인한다.

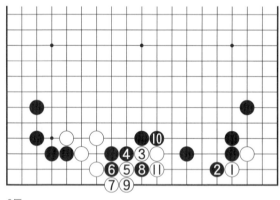

6도

6도(귀의 활용 이후)

그렇다면 백은 1의 활용을 먼저 생각할 수 있다.

지금은 흑2의 막음인데 그런 후 백3 이하 11까지의 수순을 밟으면 어떨까?

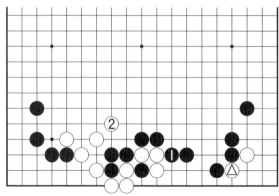

7도

7도(귀에 패를 남기다)

이때 흑1로 막으면 백2로 지키겠다는 뜻이다.

그러면 백△의 활용으로 귀에는 최소한 패가 남은 만큼 백이 충분한 흐름이다.

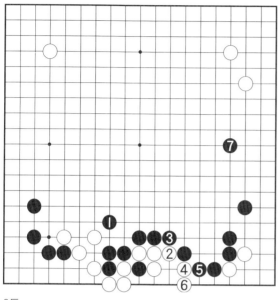

8도

8도(흑, 웅장)

6도 다음이라면 흑도 1
이 요처이다.

그러면 백2 이하 6으
로 살아두고 흑7로 전개
하는 흐름이 예상되지만
흑이 웅장한 모습이다.

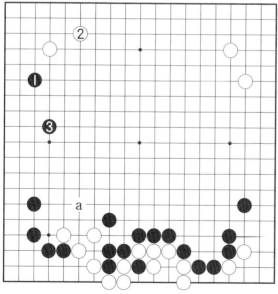

9도

9도(흑, 좌변 구축)

흑은 우변에 벌리는 대신
1, 3으로 좌변을 구축해
도 된다.

차후 흑이 a 자리를 두
면 모양이 제법 크게 확
장된다.

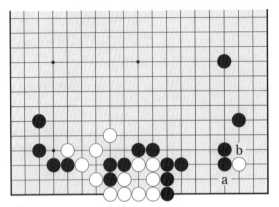

예제

▦ 예제 (백 차례)

앞서 장면의 5도에서 언급한 부분을 여기서 다룬다.

　보통 우하귀 백은 a나 b로 움직이는 맛이 있는 법인데 그 변화를 알아보자. 일종의 사활문제와 같다.

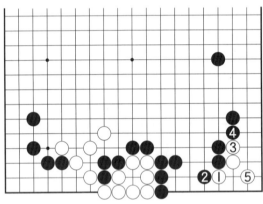

참고도 1

참고도 1(패)

먼저 백1의 젖힘에 흑2로 받으면 백3, 5로 알기 쉽게 수가 난다. 최소한 패가 날 것이다.

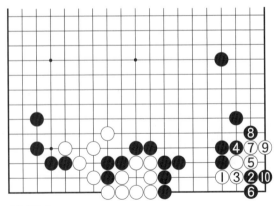

참고도 2

참고도 2(치중 한방)

백1에는 흑2의 치중 한방을 알려야 한다. 다음 백3에 흑4, 6으로 막고 느는 수순이면 확실하다.

　백7, 9로 궁도를 넓혀도 흑10으로 두 눈을 못 내게 하면 된다.

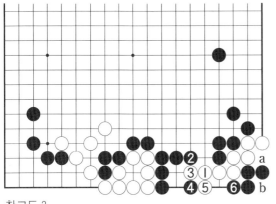

참고도 3

참고도 3(5궁도 죽음)

백1, 3으로 계속 넓히더라도 흑4, 6이면 5궁도의 죽음이다. 다음 백a면 흑b가 요령이다.

이 과정에서 백의 탈출 시도는 사방이 철벽인 만큼 불가능하다.

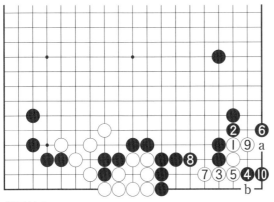

참고도 4

참고도 4(백의 변화)

첫 시도를 백1로 밀어도 흑2로 막으면 된다. 백3의 젖힘일 때 역시 흑4로 치중하고 6의 한칸이 맥점이다.

백7, 9로 넓혀도 흑10이 급소이다. 다음 a와 b가 맞보기로 죽음이다.

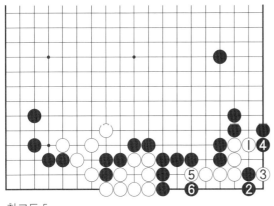

참고도 5

참고도 5(궁도를 좁혀간다)

백1에 흑2로도 귀를 잡는다. 백3의 급소를 공격하면 흑4로 들어가고 백5에 흑6으로 궁도를 좁히면 다음 어떻게 해도 사는 궁노를 만들 수 없다.

241

핵심 전법

-응수타진과 사석작전

대모양을 파괴하는 전법

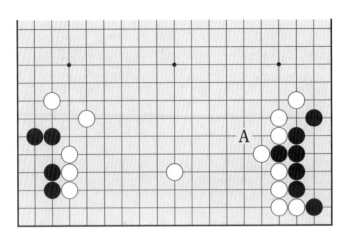

■ 백 모양이 부풀어 오르고 있다. A까지 지키면 상당한 위세를 떨칠 것이 뻔한데 그러기 전에 흑은 적당한 선에서 하변을 파괴하고 싶다. 그렇더라도 어디까지나 자연스러워야 뒤탈이 없을 텐데 그 방법을 구상해보자.

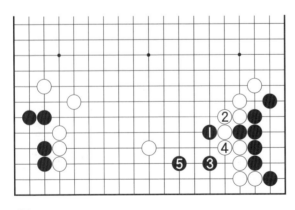

1도

1도(적절한 응수타진)

단도직입적으로 흑1의 붙임이 좋은 응수타진이다. 상대의 약점을 이용해서 자연스럽게 모양을 부수려는 뜻이다.

백2로 위를 이으면 흑 3, 5로 하변에 자세를 잡는 것이 요령이다.

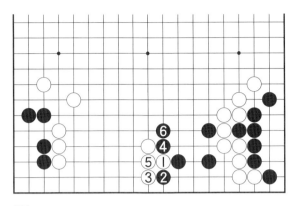

2도

2도(파괴 성공)

계속해서 백1로 압박하
지만 흑2 이하 6으로 수
습하는 데는 어려움이 없
다. 이 결과 흑은 백의 한
쪽 변을 성공적으로 파괴
했다.

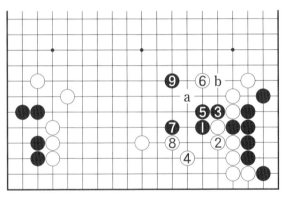

3도

3도(중앙에서 수습)

흑1에 백2로 아래를 이
으면 이번에는 흑3으로
위를 끊는다. 그러면 이
하 9까지 흑이 중앙에서
수습하는 형태로 진행된
다. 다음 백a로 끊으려는
것은 흑b의 맥점으로 어
려우므로~

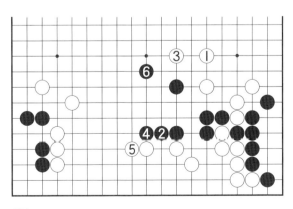

4도

4도(백 모양 제한)

백1 정도로 우변부터 보
강할 텐데 흑2로 요소를
두고 백3에 추격해도 흑
4, 6으로 중앙 진출이 수
월하다.

　이 결과 흑은 백 모양
을 하변에 제한시킨다.

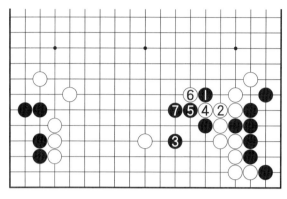

5도

5도(약점 활용)

3도의 2에 흑은 위를 끊지 않고 1로 약점을 활용하며 둘 수 있다.

백2에 이을 때 흑3으로 하변에 진입한다. 이하 흑은 7까지 수습이 가능한 흐름이다.

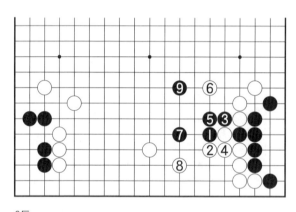

6도

6도(아래로 젖히는 변화)

흑1에 백2로 젖히는 변화도 있는데 그러면 흑3, 5로 단수치고 잇는다.

백6에 추격하면 흑7, 9로 수습하는데 3도와 비슷한 맥락이다.

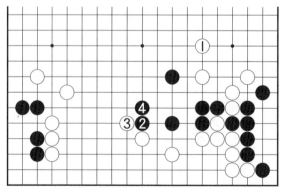

7도

7도(대모양을 제한하다)

계속해서 백1로 보강할 때 흑2, 4로 모양을 잡아가면 충분하다.

역시 흑은 대모양을 제한시킨다는 소기의 목적을 달성했다.

무거운 모양을 탄력으로 극복하는 전법

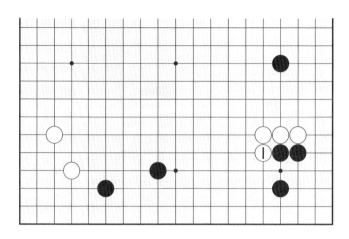

▨ 우하 방면은 소목 눈목자걸침에서 나왔는데, 얼핏 백이 장대 모양
이라 무거워 보인다.

백1로 꼬부린 장면인데 다음 응수에 따라 백이 이를 어떻게 극복
하면서 국면을 풀어 가는지 알아본다.

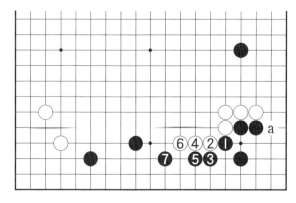

1도

1도(백, 두터움)

우선 흑1의 호구로 응수
하면 모양은 힘차지만 백
이 두려워할 것 없다. 백
2 이하 6으로 자연스레
늘어가면 백이 제법 두텁
다. 차후 백a의 젖힘도 선
수가 되니 흑의 실리도
별게 없다.

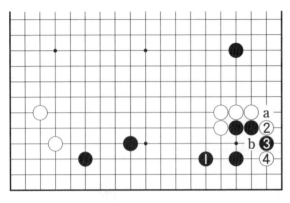

2도

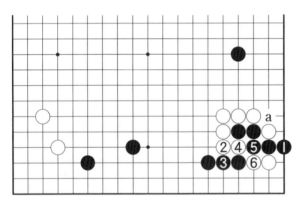

3도

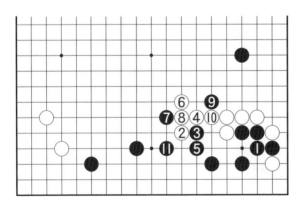

4도

2도(귀의 응수타진)

흑도 1의 한칸 행마가 일단 적절한 응수이다.

그래도 귀에 맛이 있는데, 백은 망설일 것 없이 2로 젖히고 4로 붙여 응수를 물어볼 타이밍이다. 다음 흑a는 백b로 곤란하며~

3도(흑, 위험)

흑1로 빠지면 백2 이하 6으로 끊어 흑이 위험에 처한다. 다음 흑a 이후의 변화는 원포인트 예제에서 다룬다.

4도(백, 무거움)

따라서 2도 다음 흑1의 이음이 굴복 같지만 정수이다.

귀는 맛만 남기고 백2로 중앙 진출부터 하는데 흑3에 추궁할 때 단순히 백4로 받으면 이하 11까지 흑은 여기저기 활용하며 단단한 진용을 갖춰 충분하다. 이제야말로 백은 무거워졌다.

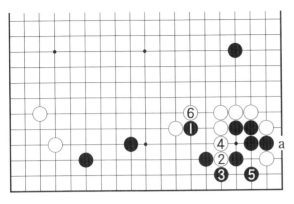

5도

5도(절묘한 응수타진)

흑1에 백2의 끼움이 귀에 이은 2차 응수타진으로 절묘한 맥점이다. 이때 흑3으로 밑에서 받으면 5의 보강도 절대인데 이제 백6으로 젖힌다.

그러면 흑진도 축소되었고 백a도 선수인 만큼 흑이 불리하다.

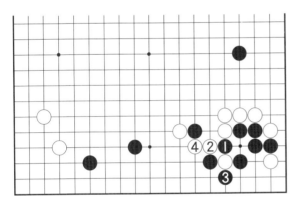

6도

6도(필연)

따라서 흑1로 위에서 단수치는 것이 기세이다.

그러면 백2, 4로 한점을 차단한다. 여기까지 필연인데~

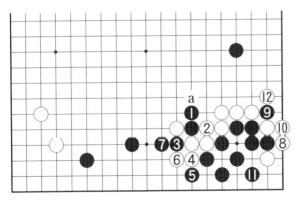

7도

7도(슬기롭게 풀어가다)

흑도 형세에 밀리지 않으려면 1, 3으로 끊고 싸울 일이다. 그러면 12까지 필연이다. 아직 누구든 결정타는 없지만 어쨌든 백이 응수타진 두방의 탄력으로 국면을 슬기롭게 풀어가고 있다. 흑이 a의 맛으로 대마를 포위할 수 없음도 백의 자랑이다.

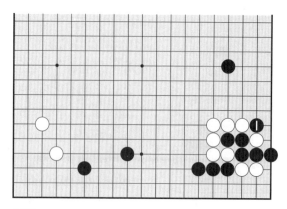

예제

▦ 예제 (백 차례)

장면의 3도를 불러왔다. 백이 귀에 파고들어 차단한 장면에서 흑1로 끊으면 백이 어떻게 공략할지 생각해 보자.

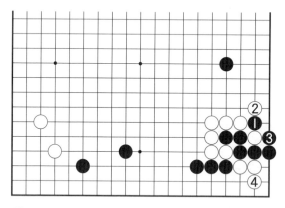

참고도 1

참고도 1(패만 나도 성공)

흑1이면 백2를 선수한 후 4의 꼬부림이 수를 늘리는 급소이다.

이후 수상전인데 흑이 어떻게 해도 힘들다. 패는 가능하지만 패만 나도 백이 성공이다.

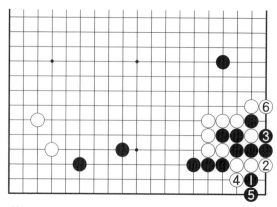

참고도 2

참고도 2(흑, 죽음)

흑1의 급소를 역으로 짚으면 백2, 4로 알기 쉽게 흑이 불리하다. 흑5에 백6으로 그만이다.

세칸벌림 공방에서의 포인트

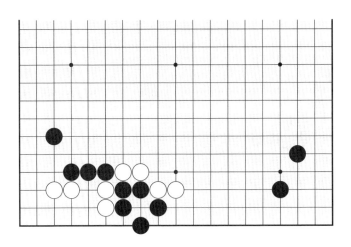

▨ 변에서의 치열한 공방이 귀까지 이어졌다. 초점은 하변 흑의 수습에 있다.

뭔가 판을 흔들어보는 특단의 전술이 필요한 시점인데, 그 포인트와 이후의 변화에 대해 알아본다.

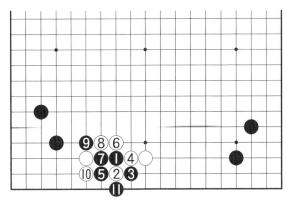

1도

1도(상용 수단)

변의 세칸벌림에 흑1로 침입해서 출발한다.

백2의 붙임은 상용 수단인데, 그러면 흑3의 젖힘 이후 9로 끊고 11까지는 필연이다.

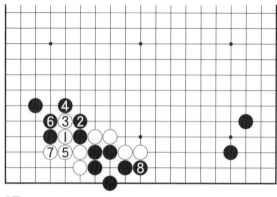

2도

2도(귀의 생사가 시급하다)

이때 백1, 3으로 바깥으로 나가려는 시도는 흑4, 6으로 막혀 불발이다.

백7로 오히려 모양만 뭉쳐 흑8로 밀어가기만 해도 백은 귀의 생사가 시급하므로 재미없는 흐름이다.

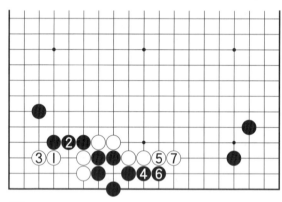

3도

3도(백, 두터움)

따라서 1도 다음 백은 1, 3의 붙이고 느는 수순으로 귀에서 안정하는 편이 무난한데 여기까지 장면의 모습이었다.

이때 흑4, 6으로 단순히 밀어가는 것은 상대에게 두터움만 줄 뿐이다. 전술 부재나 다름없다.

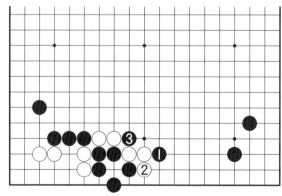

4도

4도(교묘한 응수타진)

앞 그림의 3에 흑1의 붙임이 교묘한 응수타진이다. 백2로 차단하면 흑3으로 끊겠다는 부분적 공방의 전술이기도 하다. 이러면 백이 걸려든 모습인데~

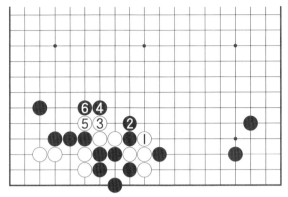

5도

5도(중앙 백의 죽음)

다음 백1로 단수치면 흑 2로 자연스레 나가면서 중앙 백 두점이 탈출할 수 없다.

백3에 나가도 흑4, 6 으로 눌러 죽음을 확인할 뿐이다.

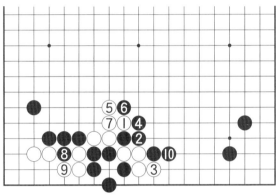

6도

6도(하변 수상전)

4도 다음 백1, 3이면 중 앙을 살리면서 하변 수상 전으로 가겠다는 뜻인데 일단 10까지는 필연이다. 수순 중 흑8은 필요한 공 작인데~

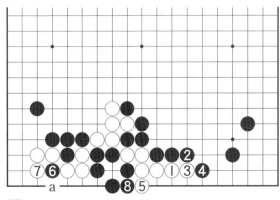

7도

7도(흑승)

계속해서 백1 이하 5로 수를 늘리며 공격하지만 흑6, 8로 방어하면 이 수 상전은 흑의 1수 승이다.

백은 a로 따내면서 수 를 줄여야 하니까.

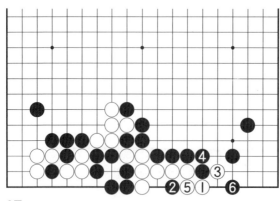

8도

8도(급소 들여다봄)

하변에서 백1은 패를 유도하는 수이지만 설사 패가 난들 늘어져서 의미가 없다. 더구나 흑2의 치중이 기다린다.

백3, 5로 버티지만 흑6의 한칸 들여다봄이 이어지는 급소이다. 백은 패는커녕 잡힌 모습이다.

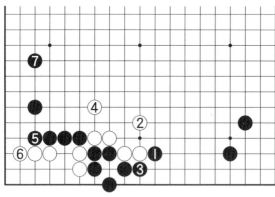

9도

9도(타협)

거슬러 올라가, 흑1에 백도 2로 지키는 정도이니 흑3으로 넘는 자세가 힘차다.

다음 백4로 중앙을 보강하고 흑5, 7로 벌리는 흐름이면 서로 타협이다.

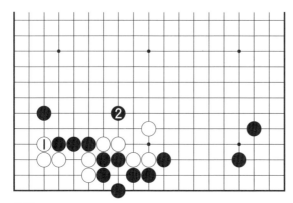

10도

10도(공격의 급소)

백이 중앙 대신 1로 귀의 급소를 꼬부리면 흑2가 중앙 공격의 급소이다.

이런 식이면 흑이 판을 주도할 공산이 크다.

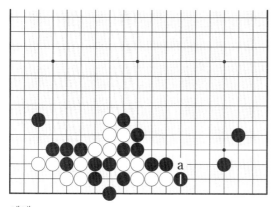

예제

⊞ 예제 (백 차례)

이 시점에서 흑이 a로 한번
더 늘지 않고 1로 과감하게
젖혔다.

때로는 과감이 무모로 변
한다. 바로 지금이 그렇다.
그렇다면 백의 반격을 생각
해보자.

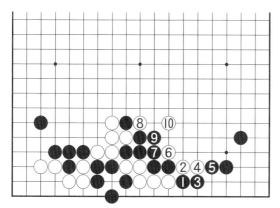

참고도 1

참고도 1(씌우는 수단)

흑1이면 백2로 끊어 4를 결
정한 후 10까지 숨 돌릴 틈
없이 단수치며 씌우는 수단
이 있다.

그러면 하변의 수상전은
초점 밖이다. 중앙이 급해
졌다.

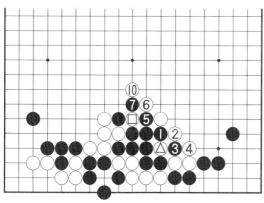

참고도 2

8···△ 9···□

참고도 2(흑 전체가 잡힘)

계속 흑1, 3으로 한점을 따
낸 후 5, 7로 또 따내 버티
지만 백8로 단수치고 이을
때 10으로 몰면 축과 눌러
잡기의 힙동직전으로 흑 전
체가 잡히는 모습이다.

복잡하다 생각하면 판에
서 확인해보기 바란다.

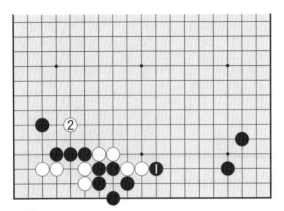

예제

🔲 예제 (흑 차례)

흑1에 느닷없이 백2로 좌변을 추궁하는데 뭔가 꿍꿍이 속이 담겨있다.

먼저 이를 간파하여 흑의 대응책을 마련해보자.

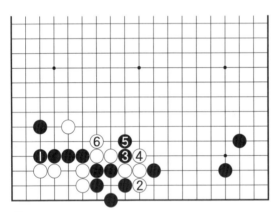

참고도 1

참고도 1(흑, 곤란)

좌변이 걱정되어 흑1로 막으면 이제 백2로 차단하겠다는 뜻이다.

그러면 흑3에 끊어도 백4, 6으로 양쪽이 처리되어 흑이 곤란한 모습이다.

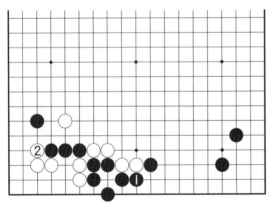

참고도 2

참고도 2(흑, 굴복)

그렇다고 흑1로 그냥 넘는 것은 굴복이다.

백이 2의 급소를 꼬부리며 추궁해가면 유리한 흐름으로 이끌 수 있다.

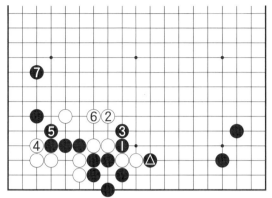

참고도 3

참고도 3(흑의 연타)

이런 경우에는 흑1의 끊음이 ⬤에 이은 연타이다. 백2로 움직이면 흑3으로 추격한다.

　백도 4, 6으로 버티면서 지킬 테고 흑7의 벌림까지 당연한 흐름이다.

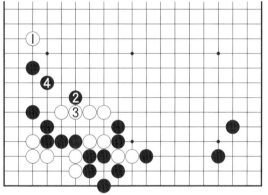

참고도 4

참고도 4(흑, 충분)

계속해서 백1로 다가서야 국면의 균형을 맞출 텐데 흑2, 4로 잽을 던지며 지키게 된다.

　그러면 백도 중앙이 들떠 하변이 강한 흑이 충분한 결과이다.

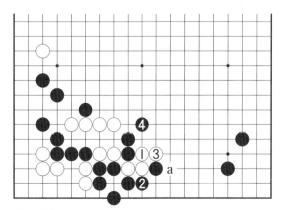

참고도 5

참고도 5(전투 요령)

참고로 백1, 3으로 하변을 도발하면 흑은 a로 느는 것이 아니라 4로 나가 강하게 싸울 일이다.

　그래야 양쪽 백을 놀아치며 판을 주도할 수 있을 것이다.

257

고립된 한점을 활용하는 전법

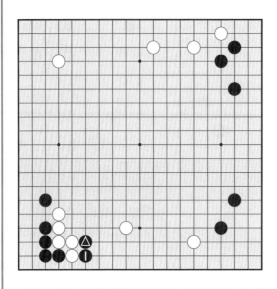

■ 하변은 화점 두칸높은협공에서의 정석을 배경으로 자주 등장하는 국면이다.

보통 흑이 하변을 처리하자면 고립된 ▲를 활용하며 1로 응수를 살피는 것인데, 이후의 전법에 대해 알아본다.

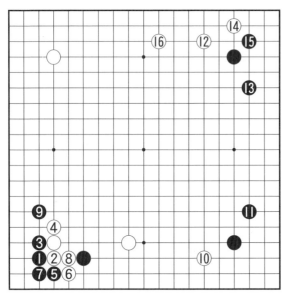

1도

1도(과정)

화점 두칸높은협공에서 흑1의 3三침입이면 이하 9까지 기본 정석이다.

백은 10으로 걸친 후 12 이하 16까지 상변을 구축한 모양이다.

이때 장면의 초점은 하변에서의 공방이다.

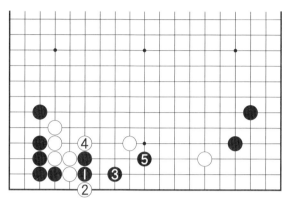

2도

2도(안방을 차지한 꼴)

흑1에 백2, 4로 위아래를 모두 차단하려는 것은 그사이 흑3, 5로 변에 진출하는 흐름이 너무 자연스럽다.

흑이 남의 안방을 차지한 꼴이다.

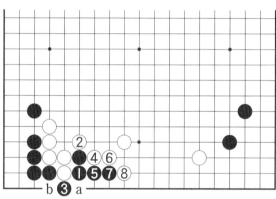

3도

3도(흑, 불만)

그래서 흑1에는 백2로 위에서 차단하는 것이 우선이다. 이때 흑3으로 곧장 넘으면 백4 이하 8로 막아서 기분 좋다.

흑은 a와 b의 약점으로 전체가 부실해서 또 지켜야 하니 불만이다.

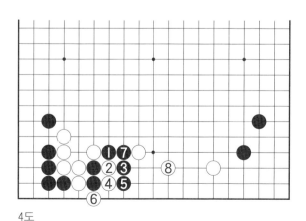

4도

4도(흑, 미생)

앞 그림의 2에 흑도 1로 같이 젖히는 것이 일책이다. 백2로 끊을 때가 문제인데 흑3 이하 7로 관통하면 보기에 시원하지만 백8의 벌림이 오면 미생에 불과하다. 두점을 잡은 백 모양은 탄력적이라 위험이 없다.

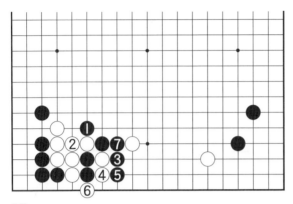

5도

5도(상황 역전)

만일 흑1의 단수가 선수가 되어 7까지 관동하면 이제 상황은 역전된다. 백이 당장 미생인 터라 달아나야 하니 흑이 하변을 농락할 것이다.

　바둑은 종이 한 장 차이가 이렇게 무섭다.

6도

6도(흑, 곤마로 전락)

흑1에 백도 2로 막아 단수치며 한점은 버린다는 발상이 올바르다.

　이때 흑3이면 백4로 넘어 안심이며 한점을 따낸 흑 전체가 곤마로 전락한다.

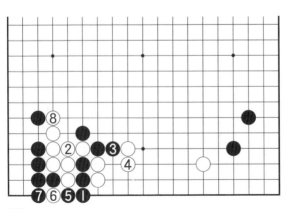

7도

7도(필연적 흐름)

따라서 앞 그림의 2에 흑1로 나가고 볼 일이다. 이제 백2로 이을 테지만 흑3에 부딪치고 백4면 흑5로 넘는다.

　그러면 백은 6으로 맛을 남긴 후 8로 달아나는 흐름인데~

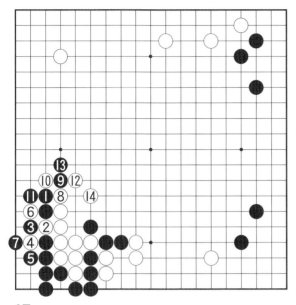

8도

8도(백, 두터움)

이때가 중요하다. 흑1로 늘면 백2 다음 4, 6의 활용으로 흑진에 약점이 생기며, 그 틈을 타고 14까지 모양을 잡으면 백이 두터운 흐름이다.

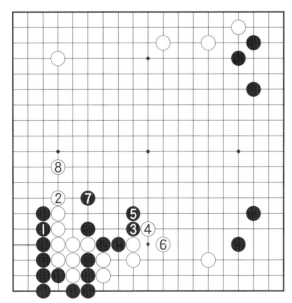

9도

9도(타협)

차라리 흑은 7도 다음 1의 꽉 이음이 효율적이다. 그러면 백2에 흑은 3이하 7로 좌변을 노리며 모양을 정비할 수 있다.

이 정도가 서로 타협인데, 다만 흑이 서둘러서 이렇게 둘 필요는 없을 것이다.

응수타진을 이용한 초반 운영법 (1)

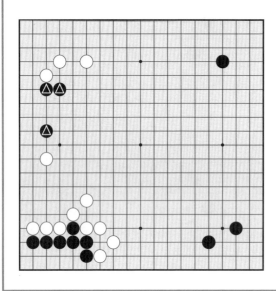

▨ 지금 국면을 살펴보면 흑의 실리가 좋은 대신 좌변에서 ▲들이 압박을 받아 안정이 필요한 장면이다.

　이를 감안해서 흑의 효율적인 초반 운영을 구상해보자.

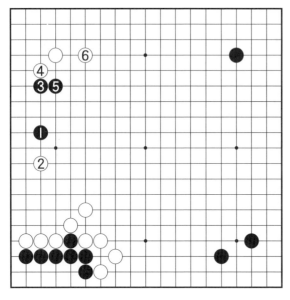

1도

1도(좌변의 공방 과정)

좌하의 정석 변화는 백이 두텁게 처리한 만큼 흑1의 갈라침을 허용했다.

　백2로 다가선 후 6까지는 상용 수단이다.

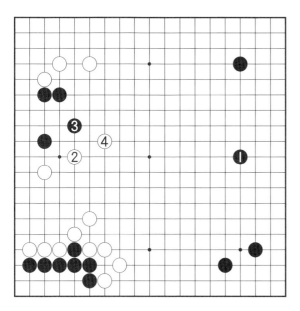

2도

2도(백 모양이 살아나다)

이 장면에서 흑1로 모양을 넓히며 크게 전국을 바라보는 발상은 좋지만 뒤가 염려된다.

백2, 4로 일단 좌변에 압박을 가하면 백 모양이 여기서부터 살아난다.

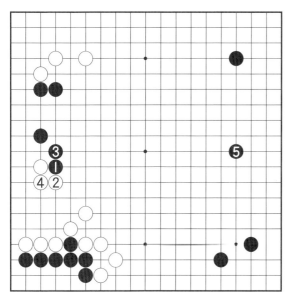

3도

3도(좋은 응수타진)

따라서 흑은 좌변부터 신경을 써야 할 텐데, 1의 붙임이 국면을 풀어가는 좋은 응수타진이다. 이때 백2, 4로 받으면 흑의 작전대로이다.

이제 유유히 흑5로 모양을 넓혀도 좌변 진영을 보강한 만큼 뒤가 두렵지 않다.

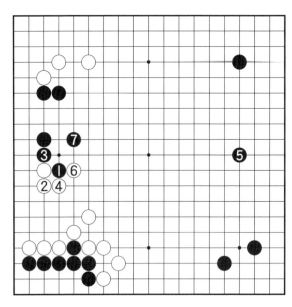

4도

4도(흑, 충분)

흑1에 백2로 느는 것이 일단 침착한 행동인데 그러면 흑3에 치받아둔다.

이때 백이 4를 선수하려 하면, 이쯤해서 흑은 손을 빼고 5로 모양을 넓혀서 충분하다. 백6에는 흑7로 지켜 좌변은 걱정 없다.

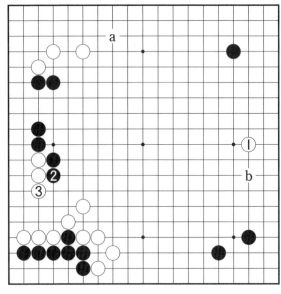

5도

5도(눌러놓는다)

앞 그림의 3에 전국의 균형을 맞추자면 백1의 갈라침이 시급할 것이다. 그러면 흑2로 눌러놓는 것이 기분 좋다.

다음 흑은 a나 b를 입맛에 따라 선택하며 판을 주도할 수 있다.

응수타진을 이용한 초반 운영법 (2)

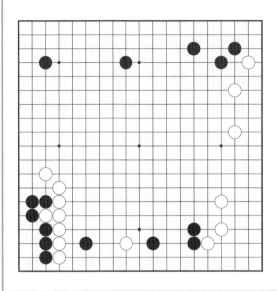

▨ 높은 중국식 포석에서의 초반 진행인데 역시 하변의 흑 진영이 압박을 받고 있다.

일단 이곳이 초점인데, 흑의 효율적인 작전을 구상해보자.

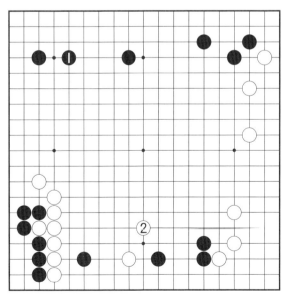

1도

1도(백2, 대세점)

사실 흑1로 귀를 굳혀 상변 모양을 완성하고 싶은 마음은 굴뚝같지만 그러면 백2의 공격이 아프다.

여기가 대세점이므로 흑도 하변부터 작전 시동을 걸어야 한다.

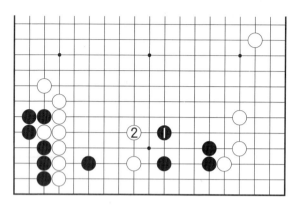

2도

2도(흑, 나약한 태도)

우선 흑1로 뛰는 것은 무
난하긴 해도 좀 나약한
태도이다.

　백2로 같이 뛰기만 해
도 다음 백 모양이 부풀
공산이 크다.

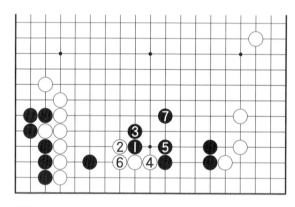

3도

3도(응수타진 붙임부터)

여기도 출발은 흑1의 붙
임으로 응수를 물어보는
것이 좋다.

　그런데 백2에 흑3으로
중앙을 향해 느는 것은
문제가 있다. 그러면 7까
지 흑이 단단해도 후수가
되므로 대세에 뒤진다.

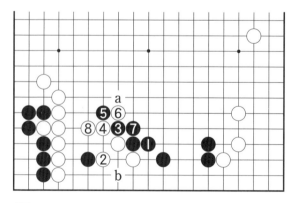

4도

4도(이단 젖히고 손뺌)

앞 그림의 2에 흑1로 끌
어두는 것이 이보 전진을
위한 일보 후퇴이다. 백2
의 호구로 지키면 흑3, 5
의 이단젖힘이 요령이다.

　그러면 백6, 8에 이쯤
해서 흑은 손을 빼도 된
다. 백a는 이제 크지 않
으며 b의 맛으로 하변 흑
은 위험하지 않다.

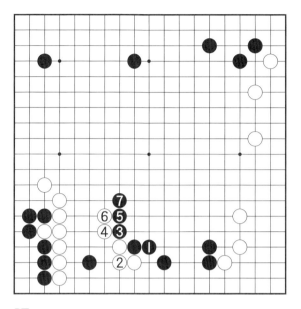

5도

5도(두텁게 늘어둔다)

하변의 맛을 없애자면 흑 1에 백2로 꼭 이을 텐데, 흑3 이하 7로 늘어두기만 해도 흑이 두터운 흐름이다.

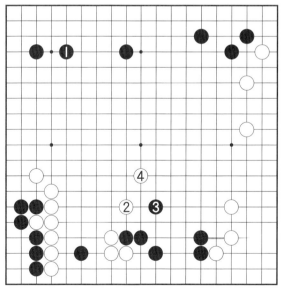

6도

6도(흑, 불리)

앞 그림의 2에 흑1로 하변에서 손을 빼도 좋을까?

그렇지 않다. 백2, 4로 씌우며 압박하면 흑에 기대면서 백 모양이 대번에 커지므로 흑이 불리하다.

주도적 정석 활용을 위한 응수타진

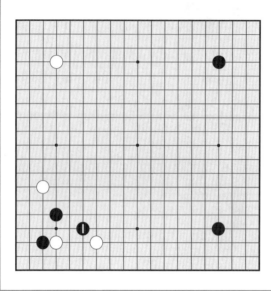

■ 좌하귀 방면은 소목 한칸낮은협공에서 자주 등장하는 정석 과정이다. 흑1로 어깨 짚으며 응수를 물었다.

국면을 적극적으로 주도하려는 활용인데, 이후의 전법에 대해 알아본다.

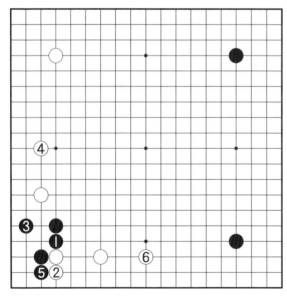

1도(정석의 원조)
이 정석의 원조는 흑1, 3의 지킴이 보통이다.

그러면 6까지 귀와 변의 갈림인데~

1도

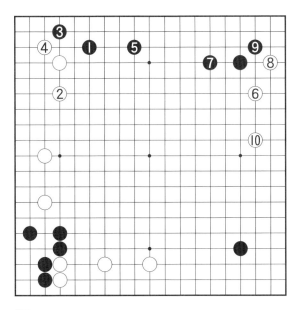

2도

2도(국면의 이해)

이후의 국면을 이해하자면 약간 진행해 보면 알 수 있다.

흑1 이하 5, 백6 이하 10의 정석. 모두 간명한 정석을 적용해 보았지만, 이렇게 흘러가다간 무난하긴 해도 흑이 활발한 모습은 아닐 것이다.

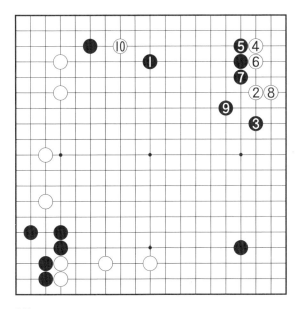

3도

3도(세력 영향력 미흡)

이번에는 흑1로 변화를 준 후 9까지 중앙 세력작전을 구사해보지만 백10의 침입이 일단 안성맞춤이다.

백이 변에서 활발해 흑세력도 전국 영향력이 미흡하지 않은가.

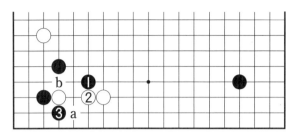

4도

4도(백, 굴복)

그래서 흑1로 응수를 물어 변화를 구한 장면인데, 이때 백2로 받는 것은 굴복이다.

그러면 흑3에 젖힐 때 백의 응수가 궁한데, 만일 a로 받아 흑b의 단수 한 방을 당한다면 백 모양이 이만저만 말이 아니다.

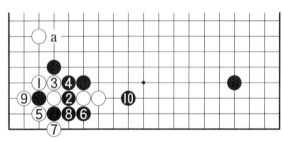

5도

5도(흑, 유리)

백은 1로 젖혀 반발이라도 해봐야 한다. 그러면 흑2, 4로 변을 차단하며 10까지 귀와 변의 바꿔치기인데, 변이 단단하고 a로 확장하는 맛도 있는 흑이 유리한 흐름이다.

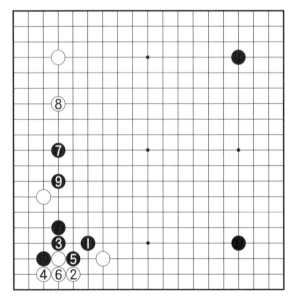

6도

6도(흑 모양이 제격)

흑1에 백이 변에서 받는다면 2의 마늘모가 탄력적이다. 그러면 흑3, 5를 결정한 후 7로 협공하는 흐름이 된다. 다음 백이 한점을 직접 움직이지 않고 8로 동정을 살피면 흑9의 압박이 제격이다.

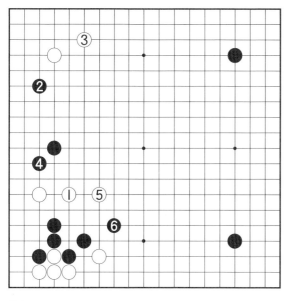

7도

7도(백이 바쁜 국면)

앞 그림의 7에 백1로 직접 움직이면 흑2, 4로 터를 잡고 좌변 백을 노리는 흐름도 괜찮다.

다음 백5에 흑6으로 동행하면 백이 좀 바쁜 국면이다.

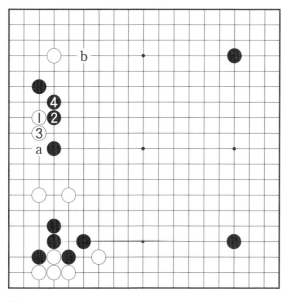

8도

8도(흑의 국면 주도)

흑이 터를 잡기 전에 백1로 뛰어들면 흑은 2, 4로 받은 후 a와 b를 맞보는 식으로 국면을 주도할 수 있다.

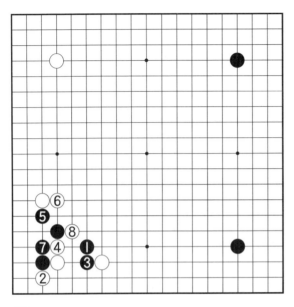

9도

9도(귀에서 젖힌 이후)
처음으로 돌아가, 흑1에 백2로 귀를 젖히면 흑3으로 일단 변을 막는다.

백4의 치받음이 맥인데 그러면 흑5, 7로 잇고 백8은 당연한 중앙 차단이다.

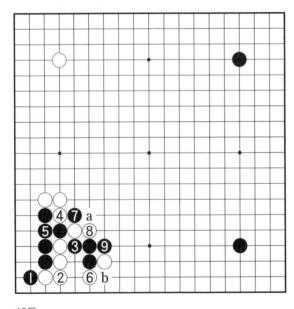

10도

10도(백, 걸려든다)
계속해서 흑1로 젖힐 텐데 이때 백2로 꽉 잇는 것은 앞을 보지 못한 처사이다.

흑3으로 끊고 이하 7, 9면 a의 축과 b가 맞보기가 되어 백이 걸려든다.

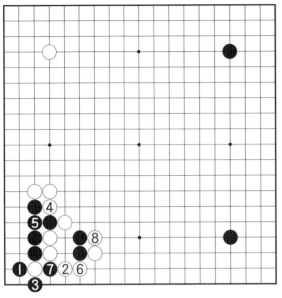

11도

11도(호구 이음이 정수)

흑1에는 백2의 호구 이음이 올바르다. 그러면 흑3의 단수에 백4, 6으로 넘은 후 흑7과 백8로 서로 귀와 변을 단속해서 일단락된다.

부분적으로만 보면 백 모양이 두텁지만~

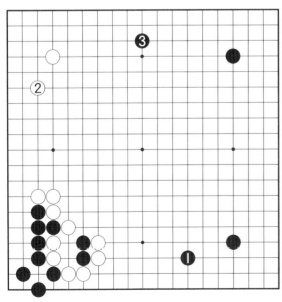

12도

12도(흑도 충분하다)

실전적으로 보면 흑도 귀의 실리와 더불어 1로 백 모양을 견제하면 충분한 모습이다.

다음 백2와 흑3으로 서로 큰 곳을 둔다고 보더라도 흑이 넓은 모양으로 판을 주도하는 느낌도 들지 않는가.

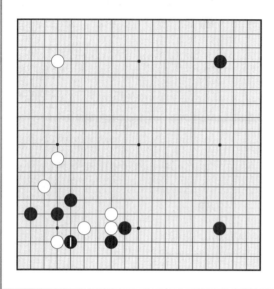

장면 8
정석을 풀어가는 포인트

■ 역시 출발은 소목 한 칸낮은협공인데, 흑이 아래로 한칸 받은 이후의 정석 과정이다. 흑1로 건너붙인 장면인데 여기가 이 정석의 포인트이다.

정석에도 이런 응수타진의 전술이 적용되지만, 이후 어떤 식으로 풀어가는지 알아본다.

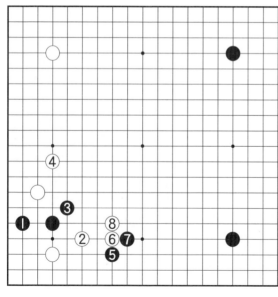

1도

1도(과정)

흑1의 한칸은 뿌리부터 차단해서 싸우려는 매우 공격적 수단이다.

백도 2, 4의 날일자로 이에 지지 않고 맞선다. 이하 8까지 서로 치열한 공방인데~

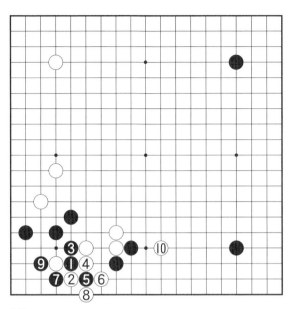

2도

2도(백, 두터움)

흑1에는 백2의 아래쪽 받음이 효율적인 대응이다. 이때 흑3 이하 9까지면 귀를 차지하지만 그 과정이 험난하고 능률이 떨어진다.

백10으로 하변에 힘을 실으면 백이 두터운 흐름이다.

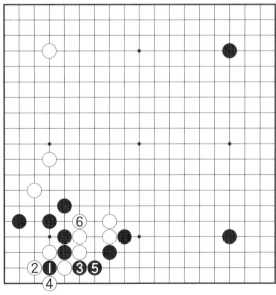

3도

3도(흑, 불안)

앞 그림의 4에 흑1쪽을 끊고 3, 5로 변에 진출하면 백6 자리가 흑 모양의 급소가 된다.

그러면 흑이 무거운 모양으로 허공에 들떠 불안한 흐름이다.

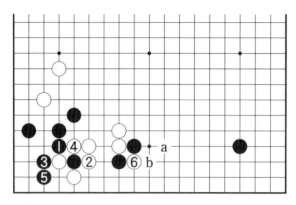

4도

4도(백, 미흡)

2도의 2에 흑1의 치받음이 모양의 맥이다. 이때 백2로 단순히 받으면 흑3, 5로 귀를 점령해서 충분하다. 백은 하변이 엷어 a의 협공 대신 6으로 끊어야할 테니 b의 활용을 남긴 만큼 미흡하다.

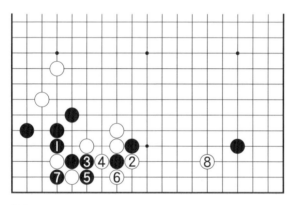

5도

5도(백, 활발)

맥은 맥으로 대처하라 했던가. 흑1에 백2의 끊음도 이 경우의 맥이다.

이때 흑3, 5로 한껏 욕심을 내면 백6으로 한점을 따낸 두터움을 배경으로 8로 걸치는 흐름이 활발하다.

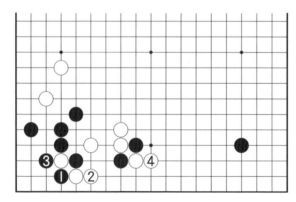

6도

6도(타협)

따라서 앞 그림의 2에 흑1로 참아두는 것이 정수이다.

그러면 백은 2를 선수하고 4로 하변에 힘차게 늘어 모양을 정돈할 수 있다. 이 정도면 서로 타협된 결과이다.

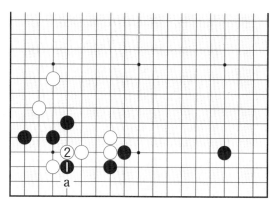

예제

▦ 예제 (흑 차례)

이 정석의 포인트는 흑1의 건너붙임인데, 이때 백이 a 대신 2로 위에서 막는 변화를 알아보자.

보통 이렇게 두기 쉬운데 흑의 대응책은 무엇인가?

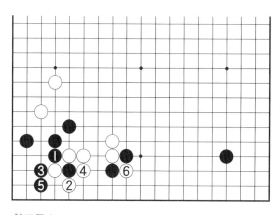

참고도 1

참고도 1(백, 미흡)

일단 흑1의 끊음은 당연한데 이때 백2의 단수라면 흑3, 5로 알기 쉽다.

백6으로 끊는 정도이니 이러면 4도의 환원이다. 백이 미흡하다 했던 그림이기도 하다.

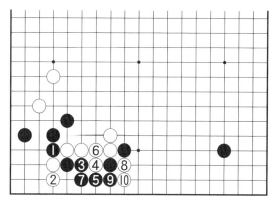

참고도 2

참고도 2(하변 흑이 잡힌다)

흑1에 백도 2로 늘어 귀를 호락호락 주지 않겠다는 뜻이 숨어있었다.

이때 흑3으로 밀어나가면 백4로 끼운 후 10까지 필연인데, 하변 흑이 잡히는 모습이다.

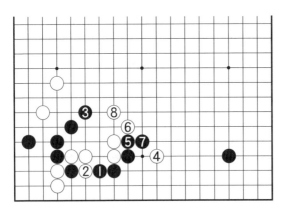

참고도 3

참고도 3(흑, 양곤마)

앞 그림의 2에 흑1, 3으로 심심하게 진출하면 당장 다칠 일은 없지만 양쪽이 미생이다.

　백은 4로 하변 근거부터 공격하며 8까지 지키는 리듬이 좋다.

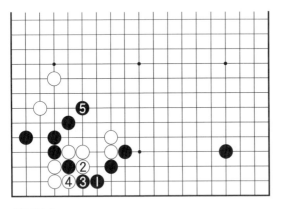

참고도 4

참고도 4(탄력적 마늘모)

실은 흑1의 마늘모로 엿보는 행마가 탄력적이다. 그러면 백2에 흑3으로 들어가 이곳을 옥집 형태로 만들며 5로 진출해서 좋다.

　앞 그림과 종이 한 장 차이 같아도 이후의 흐름이 달라진다.

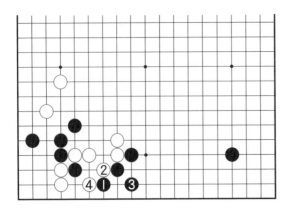

참고도 5

참고도 5(흑이 시달린다)

흑1에 백2가 부분적으로 급소인데 당장 두면 어떨까?

　만일 흑3에 호구치면 백4로 보기 좋게 살아두고 나서 양쪽 흑만 불안정해 흑이 시달릴 모양이다.

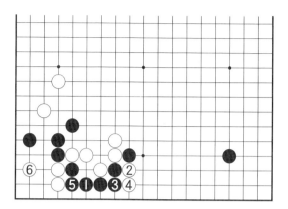

참고도 6

참고도 6(수상전 양상)

따라서 앞 그림의 2에 흑은 1로 늘고 버텨야 한다.

그러면 백2, 4로 수상전 양상인데 흑5에 백6으로 수를 늘릴 것이다.

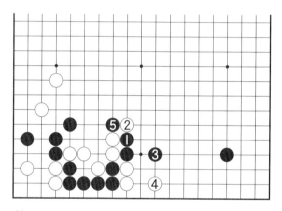

참고도 7

참고도 7(백, 곤란)

그러면 흑도 귀와의 수상전은 힘들고 1로 밀어 간다.

이때 백2로 젖히면 흑3을 선수한 후 5로 끊어 백이 곤란하다.

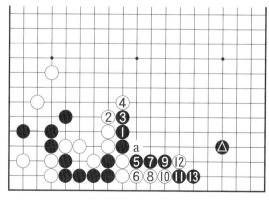

참고도 8

참고도 8(흑승)

따라서 흑1에 백2로 늘고 흑3에 백4로 젖히는 정도인데 흑5 이하 11로 막으면 흑승이다. 백12로 약점을 공략해도 흑13으로 늘면 흑이 잡힐 일은 없나.

다만 ▲ 자리가 백이라면 a의 약점으로 흑이 잡히므로 배치를 고려해야 한다.

건너편 소목 날일자굳힘에 붙인 이유

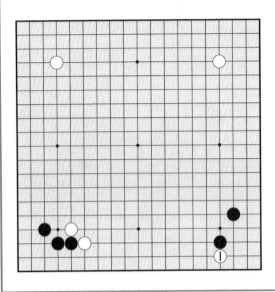

▨ 좌하귀 소목 밑붙임 정석 도중 돌연 백1로 건너편 날일자굳힘에 붙인 이유는 무엇인가?

일종의 응수타진 전술로 정석을 효과적으로 활용하겠다는 뜻인데, 이후의 전법에 대해 알아본다.

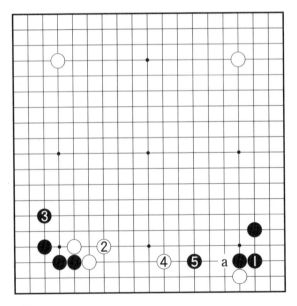

1도

1도(뒷맛)

귀의 응수타진에 흑1로 물러서면 이제 백2, 4로 정석을 마무리한다.

그러면 흑5로 다가서도 a의 맛이 남은 만큼 흑이 부담을 안는다.

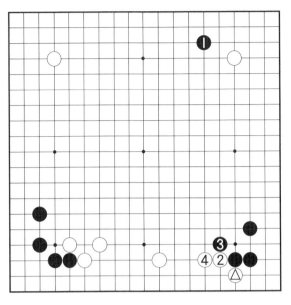

2도

2도(백, 하변 장악)

흑이 하변에 다가서지 않을 경우.

가령 흑1의 걸침이면 백△를 발판으로 2, 4로 하변을 장악하는 흐름이 아주 자연스럽다.

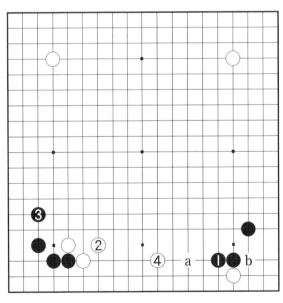

3도

3도(흑, 불만)

장면 다음 흑1로 변쪽에 늘면 백2, 4의 벌림이 제격이다.

다음 흑이 a로 다가서자니 좁고, 백b로 사는 맛도 남은 만큼 흑의 불만이다.

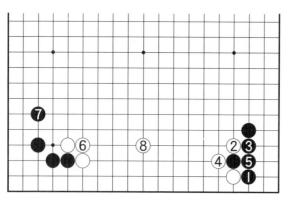

4도

4도(상용 맥점)
흑1의 젖힘이면 귀를 확실히 지킬 수 있지만, 백2의 활용이 상용 맥점이다. 흑3에 받으면 백4의 단수를 기분 좋게 선수하고 8까지 하변에 모양을 갖춰 백의 이상적인 모습이다.

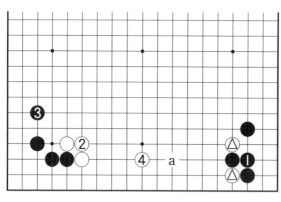

5도

5도(활용의 효과)
앞 그림의 2에 흑1의 이음이 효율적이지만, 이제 백이 2, 4로 모양을 잡기만 해도 △의 활용만큼 활발하다.
　다음 흑이 a로 다가서더라도 활용을 당한 만큼 위력이 크지 않다.

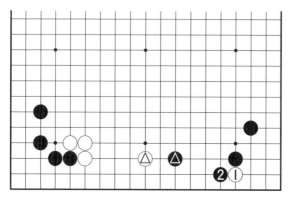

6도

6도(흑, 강하게 대항한다)
이처럼 미리 백△와 흑▲로 대치한 국면에서 백1의 응수타진이라면, 이제는 흑이 주변 돌이 강한 만큼 물러서지 않고 2의 젖힘으로 대항할 것이다.
　따라서 응수타진도 그 시기가 중요하다.

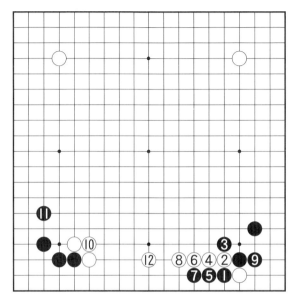

7도

7도(응수타진한 효과)

이런저런 맛을 생각하면 흑1의 변쪽 젖힘이 확실하다. 그러면 백2의 맞끊음이 맥점인데 흑도 3으로 단수친 후 9까지 귀를 정돈하는 것이 요령이다.

다음 백10, 12로 일단락인데 단순한 벌림보다 활발하다. 장면에서 응수타진한 효과였다.

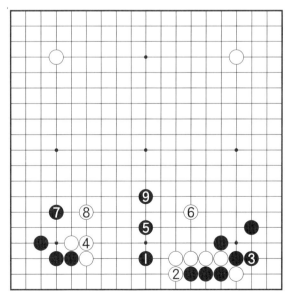

8도

8도(흑, 편한 국면)

앞 그림의 8에 흑1의 협공은 무슨 뜻인가?

이때 백2로 막으면 흑3에 늘어 귀는 안전하다. 그렇다면 양쪽이 미생인 백만 바빠진다. 이하 9까지 흐름이면 백이 쫓기는 만큼 흑이 편한 국면이다.

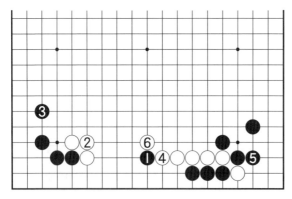

9도

9도(백, 유리)
흑1의 도발에는 백2를 결정한 후 4의 치받음이 맥점이다.
다음 흑5로 지킬 때 백6으로 한점을 제압하면 백이 유리한 흐름이다.

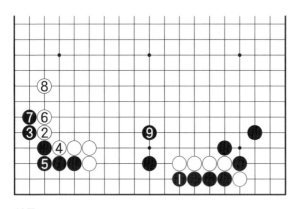

10도

10도(일단 좌변이 눌린다)
앞 그림의 2에 흑1로 넘으면 부분적으로는 좋지만 일단 백2 이하 8까지 좌변이 눌린다.
흑9로 뛰지만 중앙 제압에도 어려움이 있다.

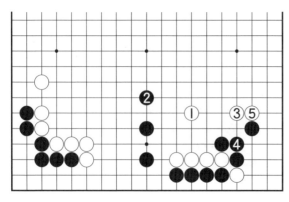

11도

11도(흑, 내키지 않는다)
차후 백1에 흑2로 같이 뛰면 보통은 백이 괴로울텐데 귀에 약점이 있는 만큼 3, 5로 변에 안착하는 흐름이 생긴다.
이러면 흑이 내키지 않는다.

장면 10

세력 배경의 한칸협공에 대응하는 전법 (1)

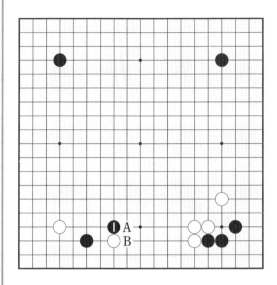

▨ 하변은 고목 정석을 배경으로 한 백의 세력 권이다. 화점 걸침에 백의 한칸협공은 당연한 선택이다.

흑1의 붙임은 세력 견제를 위한 응수타진 수법인데, 백은 A와 B의 선택이 기다린다. 먼저 A의 젖힘 이후의 전법에 대해 알아본다.

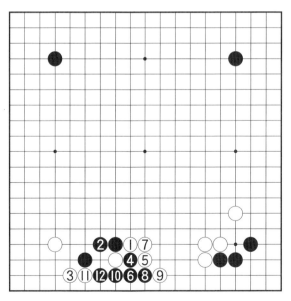

1도(백 세력이 지워진다) 백1의 젖힘에 대해 흑도 일단 2쪽에 늘어둘 예정 이다.

이때 백3의 공격이면 흑4로 끊은 후 12까지 될 텐데 이 구도에서는 백 세력이 자연스레 지워지니 흑이 바라는 결과이다.

1도

285

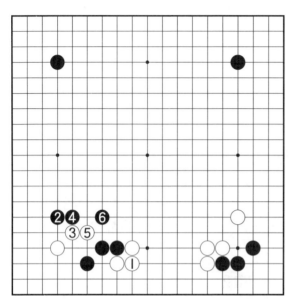

2도(양걸침)

따라서 백이 젖힌 이상 1에 잇고 봐야 할 텐데 흑 2의 양걸침이 기다린다.

이때 백3의 마늘모로 나가면 소극적이다. 그러면 흑4, 6으로 씌우는 것이 두터운 태도인데~

2도

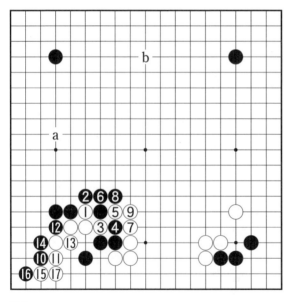

3도(흑세 웅장)

백이 1 이하 7로 차단하면 흑은 14까지 사석작전을 통해 귀를 파내며 싸 바른다.

다음 백15로 젖혀 보강해야 할 테니 선수를 잡은 흑이 a든 b든 어느 쪽을 선택해도 세가 웅장하다. 백은 넉점을 잡았지만 이삭에 불과하다.

3도

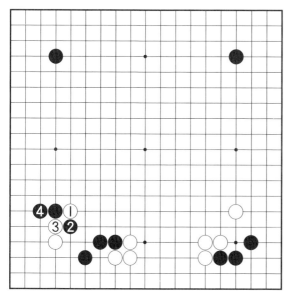

4도

4도(흑의 우격다짐)

2도의 2에 백은 일단 1로 붙이는 적극성이 필요하다.

이때 흑2, 4로 우격다짐을 하면 백이 좋은 찬스를 맞는데~

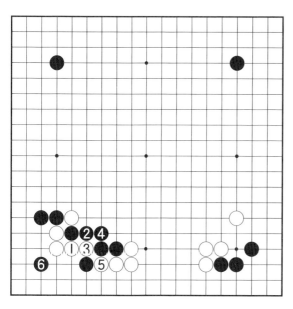

5도

5도(백의 우격다짐)

백1로 치고나가 5로 끊는 것은 이 수단 역시 우격다짐이다.

다음 흑6의 3三침입이 예리해서 실속은 흑이 차지한다.

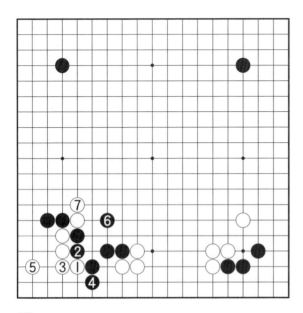

6도

6도(흑, 무거움)

4도 다음 백1 이하 5로 귀를 지켜놓는 일이 우선이다.

흑6에 백7로 중앙 전투로 치닫지만 아무래도 이런 세력 배경에서는 흑이 무거운 모양이다.

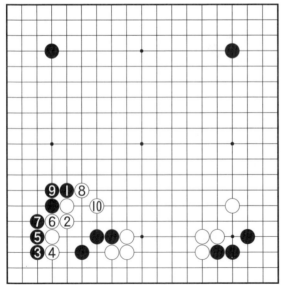

7도

7도(바꿔치기)

따라서 백의 붙임에는 흑1로 바깥에서 젖힌 후 3의 침입이 제격이다.

그러면 백4로 막은 후 10까지 귀와 변의 실리로 갈리는 바꿔치기가 보통인데~

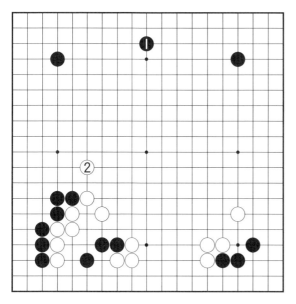

8도

8도(백, 세력 확장)

여기서 흑1로 방향을 돌리면 백2의 뜀이 대세점이다.

이 한수로 하변의 세력이 크게 살아나며 흑이 갑자기 불리해진다.

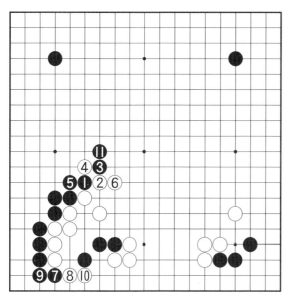

9도

9도(백, 일방가)

7도 다음 흑은 1, 3의 이단젖힘으로 백 세력을 견제하며 그사이 7, 9도 결정해놓고 11로 늘어 정돈하는 것이 세밀한 수순이다.

이러면 백 세력도 일방가에 불과해서 흑은 실리와 세력 모두 밀리지 않는 흐름이 된다.

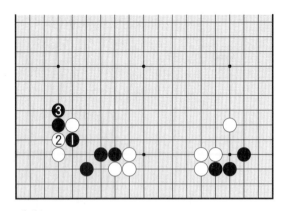

예제

▦ 예제 (백 차례)

다른 우격다짐의 예이지만 흑1, 3이면 백은 어떻게 대응할지 생각해본다.

이번에는 우격다짐에 역시 우격다짐이 참고가 될지 모른다.

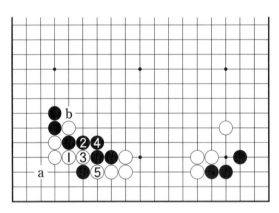

참고도 1

참고도 1(치고나가 끊는다)

이제는 백1로 치고나가 5로 끊는 것이 유효한 수단이다. 그러면 흑a의 침입이 그렇게 무섭지 않고 b로 나가 싸우는 맛도 있어 백이 충분한 결말이다.

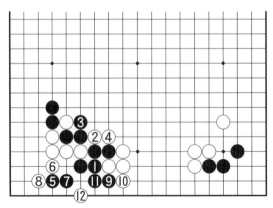

참고도 2

참고도 2(흑, 죽음)

앞 그림의 3에 흑1로 이으면 백2, 4로 차단한다.

그러면 흑이 안에서 살기 위해 5로 달리지만 백6의 급소를 짚은 후 12까지 흑의 죽음이다.

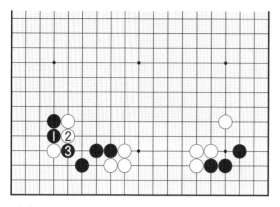

예제

▦ 예제 (백 차례)

이 상황에서 흑1, 3으로 끊어오면 어떻게 될지도 알아보자.

이런 거친 수단으로는 좋은 결과를 얻지 못하는 법인데 올바른 대응이 전제조건이다.

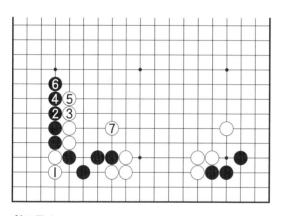

참고도 1

참고도 1(귀의 요소)

우선 백1로 늘어서는 것이 귀의 요소이다.

흑2에 늘면 백3, 5로 밀어둔 후 7로 포위해서 흑 넉점이 위험하다.

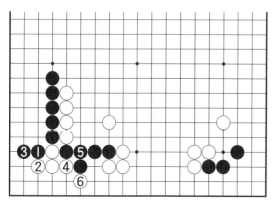

참고도 2

참고도 2(흑, 잡힘)

다음 흑1, 3으로 귀에 진입해도 백4, 6으로 좁혀 가면 흑이 잡히는 모습이다.

물론 이렇게 되면 백이 우세한 결말이다.

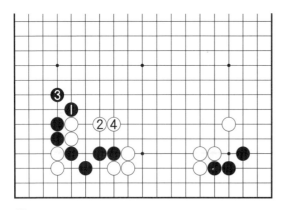

참고도 3

참고도 3(하변 봉쇄)

흑이 느는 대신 1로 젖히면 일단 백2로 뛰고 흑3에 지킬 때 백4의 쌍점이 하변을 봉쇄하는 급소이다.

　그러면 하변 흑이 죽은 목숨이다.

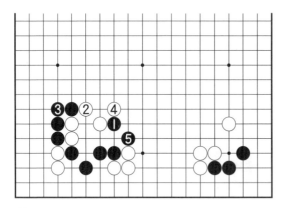

참고도 4

참고도 4(예측불허)

앞 그림의 2에 흑이 도망하자면 1의 붙임이 모양이다.

　이때 백2, 4면 얼핏 그럴 듯한 자세인데 흑도 5로 호구치며 나가는 자세가 생겨 예측불허의 싸움이다.

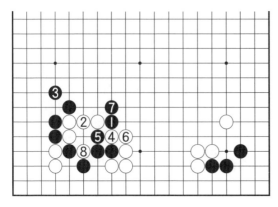

참고도 5

참고도 5(백, 실리가 크다)

흑1에는 백2의 이음이 급소이다. 흑3에 지켜야 할 테니 백4의 끊음이 성립한다. 흑5, 7에 백8의 먹여침이 하변 흑을 효율적으로 잡는 맥점이다.

　이러면 실리가 큰 만큼 백이 충분하다.

세력 배경의 한칸협공에 대응하는 전법 (2)

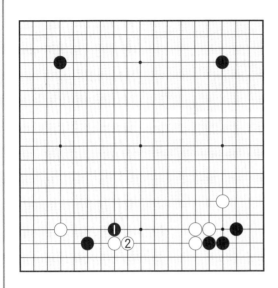

▨ [장면 10]과 같은 환경에서 이번에는 흑1의 응수타진에 대해 백2로 늘었다.

양걸침에서 보았던 상대의 힘찬 리듬을 주지 않겠다는 뜻인데, 이후의 전법에 대해 알아본다.

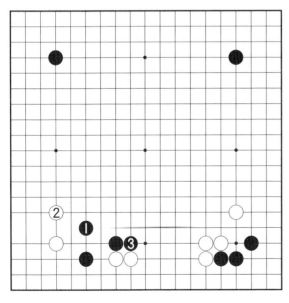

1도

1도(흑의 일책)

우선 흑1로 뛰고 3으로 눌러 모양을 잡아가는 것이 일책이다.

그러면 백은 이제부터 세력을 어떻게 활용할지 고민인데~

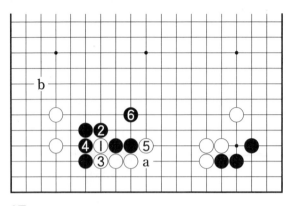

2도

2도(흑, 편한 흐름)

백1, 3으로 뿌리째 근거를 공격하면 어떨까. 대신 흑이 단단한 모양이 된다. 백5로 젖힐 테지만 흑6으로 자세를 잡고 나면 a의 약점과 b의 다가섬이 한눈에 들어온다. 흑이 편한 흐름이다.

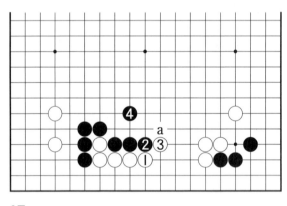

3도

3도(흑, 두터운 자세)

하변의 약점을 남기지 않으려고 백1로 늘면 한번 더 흑2로 눌러간다.

이제는 백3에 젖힐 테지만 흑4로 모양을 잡으면 a의 활용도 있는 만큼 두텁다. 백 세력도 사라진 모습이다.

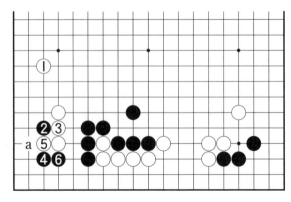

4도

4도(귀의 실리가 짭짤하다)

다음 백은 좌변이 시급하다. 1의 벌림이 보통이지만 흑2, 4로 귀에 파고드는 수가 유력하다.

백5로 변을 지키면 흑은 a의 맛을 남기며 6으로 건너가서 귀의 실리가 짭짤하다.

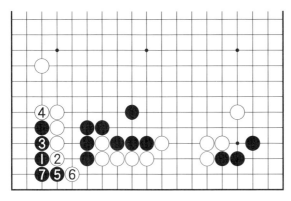

5도

5도(흑, 충분한 실리)
흑1에 백2로 건넘을 막으면 흑3으로 연결한 후 7까지 따로 실리를 장만해서 충분하다.

중앙 흑은 탄력적인 모양이라 걱정할 일 없다.

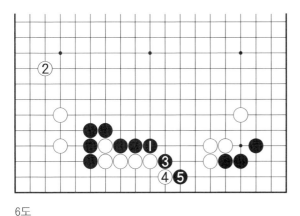

6도

6도(백 모양이 무너진다)
흑1에 누를 때 백이 손을 빼고 2쪽에 바로 벌리면 흑3, 5의 이단젖힘이 강력하다.

그러면 하변의 백 모양 전체가 무너진다.

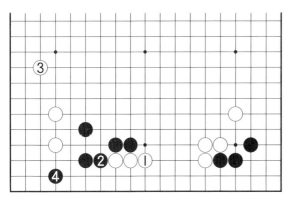

7도

7도(백, 아쉬운 타협)
거슬러 올라가 1도 다음 백도 하변에 얌전히 받는 것이 보통인데, 1로 늘면 일단 흑2의 치받음이 요소이다. 다음 백3에 벌리면 흑4의 달림이 자연스럽다. 부분적으로 타협이지만 전체적으로 세력을 활용하지 못한 백이 좀 아쉬울 것이다.

295

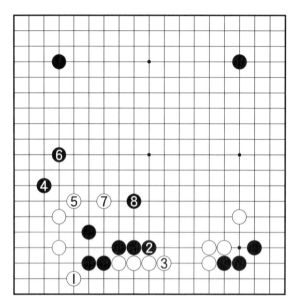

8도

8도(흑, 좌변 운영)

백이 적극성을 보이자면 1로 귀를 지키며 공격하는 것이다.

그러면 흑은 2로 눌러 놓고 4, 6으로 좌변을 운영한다. 중앙은 백7에 흑 8로 진출해서 충분하다.

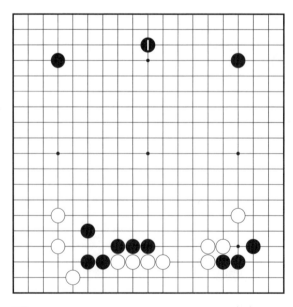

9도

9도(대국적 발상)

앞 그림의 3에 흑은 손을 빼고 큰 자리 1쪽으로 향할 수도 있다.

어차피 하변은 백 세력을 지운 것으로 만족한다는 대국적 발상이다.

장면 12

세력 배경의 한칸협공에 대응하는 전법 (3)

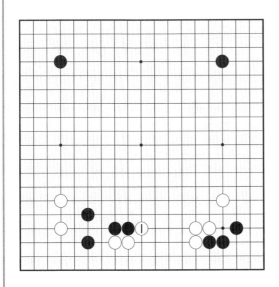

▨ [장면 11]과 같은 환경에서 약간 진행된 모양이지만, 이번에는 백이 늘지 않고 1로 강하게 젖힌 장면이다.

어디까지나 세력을 최대한 활용하겠다는 뜻인데, 이후의 전법에 대해 알아본다.

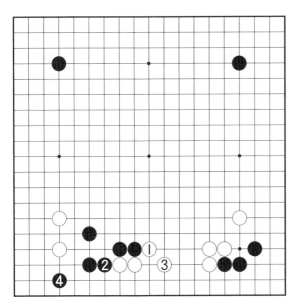

1도

1도(흑, 편한 흐름)

백1에는 흑2로 치받고 볼 일이다. 일단 여기가 요소이기 때문이다.

이때 백3으로 지키는 것은 세력이고 뭐고 아무 생각 없다는 태도이다. 4로 달리는 흑이 매우 편한 흐름이다.

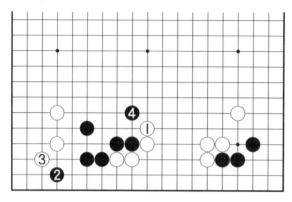

2도

2도(타협)

앞 그림의 2에 백1로 힘차게 올라서야 그나마 세력 활용이 된다. 그러면 흑2의 달림 후 4로 받는 것이 보통이다.

　이 정도가 서로 타협하는 흐름이다.

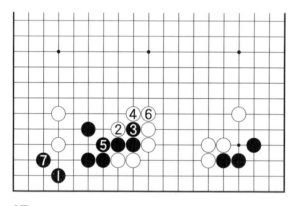

3도

3도(백, 불리)

흑1에 중앙 모양의 급소를 백2로 먼저 짚어오면 흑3, 5로 나가고 잇는다.

　백6의 이음이 절대일 때 흑7로 귀를 차지하면 백이 불리한 흐름이다.

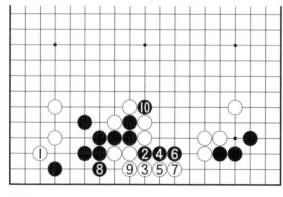

4도

4도(통렬한 끊음)

백이 중앙을 잇지 않고 1로 받으면 일단 흑2로 하변을 끊는다.

　두점을 살리자면 백3 이하 7로 기어야 하지만 흑8의 선수를 거쳐 10의 끊음이 통렬하다.

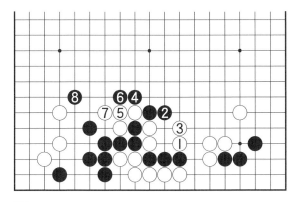

5도

5도(중앙 백의 죽음)

계속해서 백1에 흑2를 선수한 후 4 이하 몰고나가며 8로 씌우면 백 넉점은 죽음에 처한다.

중앙 이음이 절대인 이유였다.

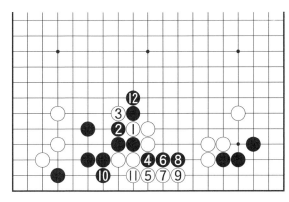

6도

6도(백이 끊어오면?)

2도의 시점에서 백1, 3으로 끊으면 흑이 괜찮은가?

역시 흑4의 끊음부터 공작한다. 백5 이하 9로 기어야 할 때 흑10의 선수 다음 12로 늘면 어느 쪽이든 백은 무사하지 못하다.

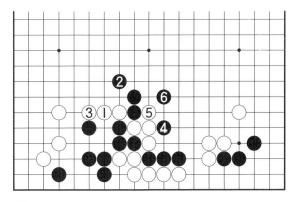

7도

7도(절묘한 수순)

다음 백1로 한점을 살리면 흑2의 마늘모 행마가 좌측 백에 선수로 듣는다. 그런 후에 백4, 6의 씌움이 절묘한 수순이다.

백 넉점의 죽음을 확인하기 바란다.

299

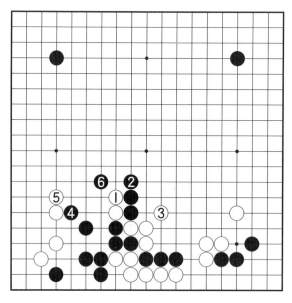

8도

8도(백의 변화)

6도 다음 백1로 밀고 3
으로 살리면 이번에는 흑
4, 6의 수순으로 중앙 백
두점이 움직일 수 없다.

그렇다면 백도 어디선
가 반발이 필요한데~

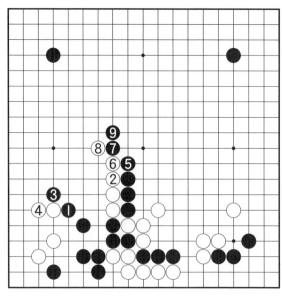

9도

9도(흑이 앞서는 국면)

흑1의 붙임에 백2로 미
는 정도의 반발일 텐데
흑3의 젖힘이 기분 좋은
선수이고 5로 늘어서 힘
찬 모양이다.

백6에 흑7, 9로 나가
는 모양이면 흑이 앞서는
국면이다.

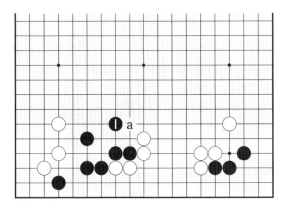

예제

📖 예제 (백 차례)

이 상황에서 모양으로만 보면 흑1의 지킴이 안정적인데 어떤 결함이 있는지 생각해보자.

참고로 원래는 흑1이 아닌 a가 요소이다.

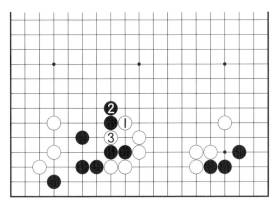

참고도 1

참고도 1(모양이 무너진다)

원래 급소였던 백1 자리에 붙이면 흑은 받기가 껄끄럽다. 3의 이음은 굴복이라 흑2로 진출하면 백3의 끼움이 있어 흑 모양이 무너진다. 반면 백 세력은 약간씩 부풀어 오르지 않는가.

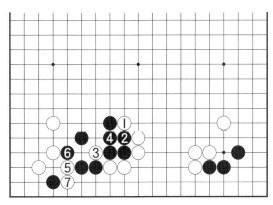

참고도 2

참고도 2(귀가 뚫린다)

백1에 흑2는 자충을 감수하더라도 안형을 갖추려는 뜻이다.

그러나 백3 이하 7의 수순으로 귀가 뚫려 백의 실리가 크다.

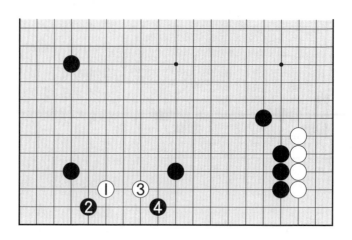

장면 13

처진 날일자 두 방을 돌파하는 요령

■ 좌변의 화점을 포함한 4연성을 배경으로 백1의 침입성 걸침에 대해 흑2, 4의 처진 날일자로 연방 옥죄고 있다. 백은 이 강한 진영을 어떻게 돌파해야 하는지 알아본다.

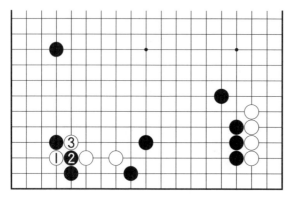

1도

1도(사석작전)

단도직입적으로 백1의 건너붙임을 구사한다. 여기가 처진 날일자의 아킬레스건이다. 다음 흑2에 백3으로 끊는다.

그러면 귀의 한점을 사석으로 이용하겠다는 발상인데~

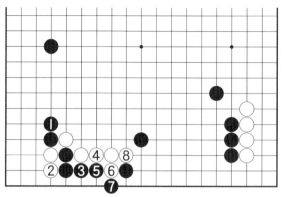

2도

2도(흑, 망하는 코스)

다음 흑1로 변쪽에 늘면 백2 이하 8로 하변을 뚫으며 몰아가서 흑이 망하는 코스이다.

흑의 처진 날일자는 흔적도 없이 사라졌다.

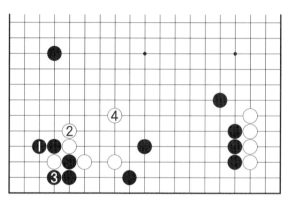

3도

3도(백, 틀이 잡히다)

따라서 1도 다음 흑1로 아래쪽에 늘어야겠지만 백도 2로 늘고 흑3에 백4로 정비하면 모양의 틀이 잡힌 모습이다.

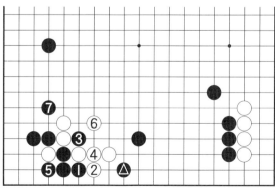

4도

4도(백, 옹색)

앞 그림의 2에 흑1로 나가면 백도 신경을 써야 하는데 2로 막는 것은 성급하다. 그러면 흑3의 단수 후 7까지 예상되시만 백이 한점을 잡더라도 옹색하다. 흑▲의 공격도 제구실을 하고 있다.

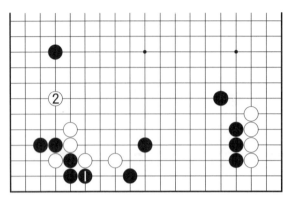

5도

5도(백의 일책)

흑1에 백은 막지 말고 2로 차라리 좌변에 자연스럽게 스며드는 것이 일책이다. 이 수가 좀 밋밋하다면~

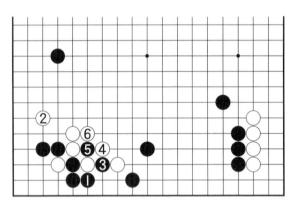

6도

6도(처리 요령)

흑1에 백2로 강하게 뿌리 내릴 수도 있다.

흑3의 단수에는 백4, 6이 처리 요령이다.

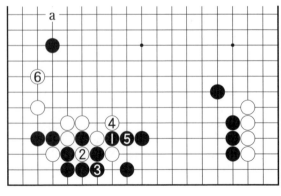

7도

7도(처진 날일자의 돌파법)

계속해서 흑1로 끊으면 백2, 4를 선수한 후 6으로 벌려 근거를 잡는다.

상황에 따라 백6은 a의 공격으로 전환할 수도 있다. 어쨌든 이 정도면 처진 날일자의 돌파법으로 손색이 없을 것이다.

전체를 바라보는 주도적 사석작전

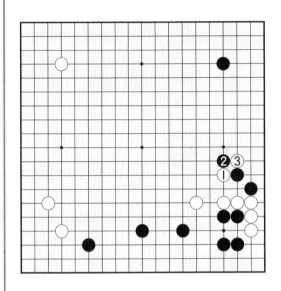

▧ 우변은 소목 눈목자 걸침에서 출발해서 한창 진행 중이다. 흑은 하변을 지켰고 백은 중앙에 진출하며 수습 중인데 백1, 3의 맞끊음은 상용수단이다.

여기서 판 전체를 바라보는 흑의 주도적 작전에 대해 알아본다.

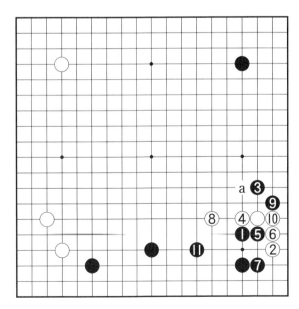

1도(과정)

소목 눈목자걸침에 흑1의 한칸은 하변을 키우려는 수단이다. 다음 백2로 달리면 흑3에 협공한 후 11까지 나올 수 있는 변화이다.

수순 중 흑5, 7의 쌍립은 상대에게 근거와 탄력을 주지 않으려는 단단한 지킴이다. 이후 백a로 붙여 끊은 것이 장면인데~

1도

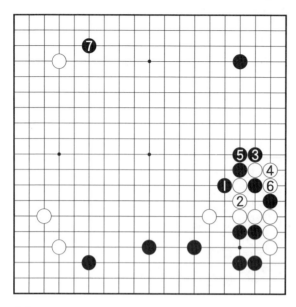

2도

2도(강미는 없다)

보통은 흑1 이하 5로 정
비하는 것이 상식이다.

그러면 백6으로 안정
하고 흑7로 걸치는 흐름
인데, 흑이 무난하지만
강인한 맛은 없다.

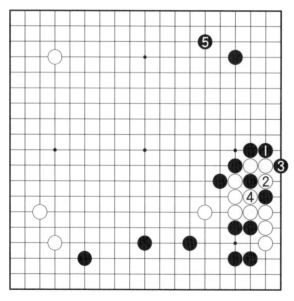

3도

3도(주도적 발상)

앞 그림의 4에 흑1로 강
하게 막고 백2면 흑3을
결정한 후 5의 굳힘이 이
경우의 주도적 발상이다.

뭔가 우변이 허술한
듯한데~

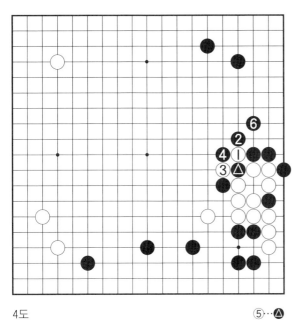

4도

⑤…◆

4도(한점 주고 지킨다)

백1로 끊어 약점을 추궁하면 두말할 것 없이 흑2로 한점을 줘버리고 4의 단수를 결정한 후 6으로 재차 지킨다.

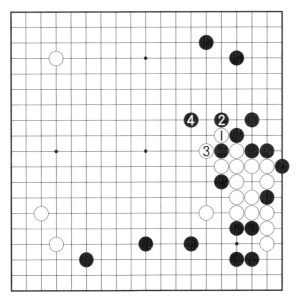

5도

5도(중앙의 폭을 넓힌다)

계속 백1로 끊으면 흑은 기다렸다는 듯이 2로 또 한점을 줘버리고 4로 중앙의 폭을 넓히는 것이 이 작전의 핵심이다.

백이 작은 실리를 탐하는 사이 흑진은 더욱 큰집으로 단단해지고 있음을 느끼는가. 멋들어진 사석작전이었다.

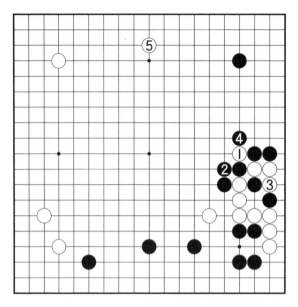

6도

6도(축머리를 겸할 경우)
3도의 2 대신 백1로 먼저 끊으면 물론 이제는 흑2로 잇는다. 다음 백3에 흑4로 일단 한점을 잡는다.

백5로 벌리며 축머리를 겸할 때가 중요한데~

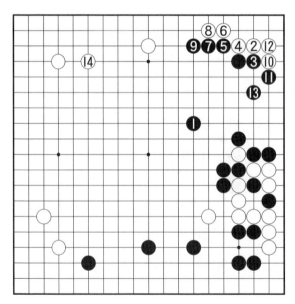

7도

7도(흑, 중복)
흑1로 효과적인 수비라고 자신할지 모르지만 백2의 3三침입이면 흑이 실속이 없다.

가령 14까지 되면 백은 알뜰한 데 비해 흑은 우변이 중복 아닌가.

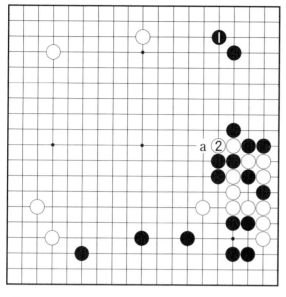

8도

8도(귀의 지킴 이후)

6도 다음 이번에는 흑1의 마늘모로 지켜두는 것이 좋은 작전일 듯하다.

이제 백2로 나갈 때가 문제인데 흑은 어떤 수단이 있을까?

물론 a의 축은 흑이 안된다.

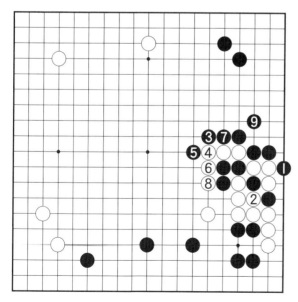

9도

9도(사석작전이 통하다)

흑은 1을 결정한 후 3 이하 7로 돌려치고 막는 것이 우변의 세를 살리는 좋은 수법이다.

백은 8로 석점을 잡았지만 단단한 흑진에 비해 조족지혈에 불과하다.

여기서도 사석작전은 통하고 있다.

장면 15
사석을 활용해서 모양을 넓히는 작전

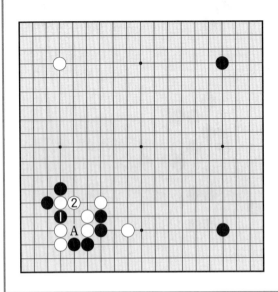

■ 좌하 모양은 화점 두 칸높은협공에서 나왔다. 한창 공방 중인데 흑1의 단수에 백2로 이으면 다음 흑이 어떻게 판을 이끌어갈지 알아본다.

참고로 백2는 A로 먼저 잇는 것이 보통이다.

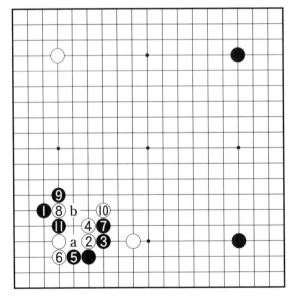

1도

1도(과정)

화점 두칸높은협공에 흑1의 양걸침으로 출발한다. 백2의 붙임에 흑3 이하 7로 밀면 백8로 붙인 후 10의 젖힘은 상용 수순이다.

다음 흑11의 단수에 보통대로 a에 잇지 않고 b로 나간 장면이다.

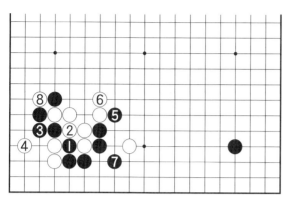

2도

2도(하변 지킴이 우선)

그러면 일단 흑1의 차단은 당연하다. 백2, 4로 정비하며 양쪽 석점을 노릴 때가 기로인데 흑5, 7로 하변의 지킴이 우선이다. 다음 백8로 끊을 테고 이제부터 흑은 슬슬 작전에 시동을 건다.

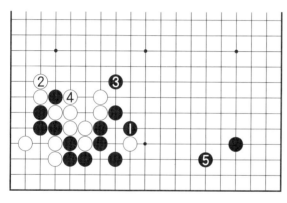

3도

3도(흑, 두터운 흐름)

우선 좌변 석점은 버린다는 각오 하에 힘의 원천인 흑1을 보강하며 동태를 살핀다. 백2로 좌변을 지키면 흑3이 중앙 대세점이다. 백4로 안전하게 지키면 흑5로 굳혀 흑이 두터운 흐름이다.

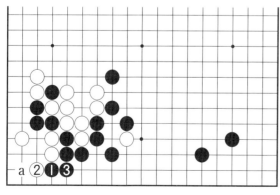

4도

4도(끝내기 수단)

이때 좌변 백 실리를 두려워할 필요 없다.

차후 흑1, 3으로 젖혀 잇기만 해도 a의 붙임이 남아 귀의 실리가 상당히 축소된다. 이 끝내기는 흑의 권리가 강하다.

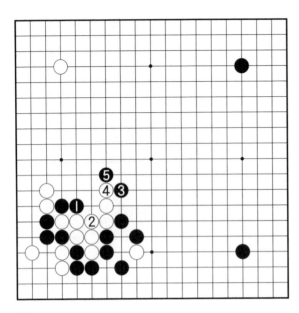

5도

5도(압박하는 수단)
3도의 2에 흑1의 단수를
결정한 후 3, 5로 중앙을
압박하는 수단도 유력하
다. 좌변에 숨만 붙인 한
점을 활용한 작전이다.

자칫 중앙 전투로 번
질 수도 있지만 외벽이
강한 만큼 흑이 불리하지
않다.

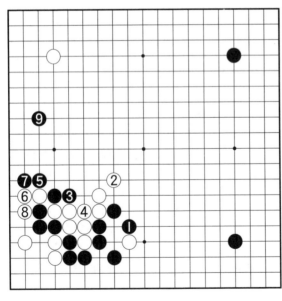

6도

6도(좌변에 터전 마련)
흑1로 지킬 때 백2로 중
앙을 향해 움직이면 이제
흑은 3을 선수한 후 5 이
하 9로 좌변에 터전을 마
련한다.

흑이 양쪽에 제법 틀
이 잘 잡혀있어 유리한
흐름이다.

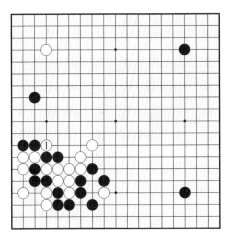

▦ 예제 (흑 차례)

장면 6도의 결과를 옮겨왔다. 여기서 백1로 끊으며 덤벼들면 흑은 어떻게 대응할지 생각해보자. 유연한 발상이 필요하다.

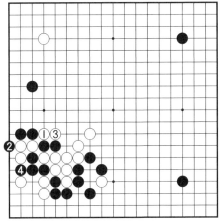

참고도 1(석점이 살아간다)

백1이면 일단 흑2로 젖혀 선수 권리를 행사한다.

이때 백3으로 두점을 잡으면 흑4로 석점이 살아가니 이러면 백이 곤란하다.

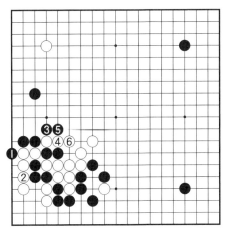

참고도 2(사석작전의 끝판)

따라서 흑1에는 백2의 보강이 당연하다.

이때 흑이 3, 5로 중앙 두점을 버리고 선수를 잡으면 성공이다. 이러면 사석작전의 끝판이나 다름없다.

호랑이굴에 스스로 들어간 이유

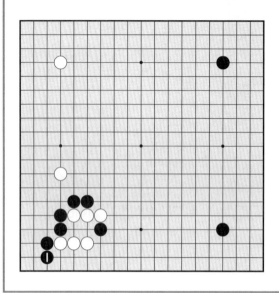

■ 좌하는 소목 두칸협 공이 출발인데 하도 요 상한 변화가 많다 해서 붙은 소위 요도정석의 한 형태이다.

흑1로 빠진 장면인데 이후 백의 주도적인 작 전에 대해 알아본다.

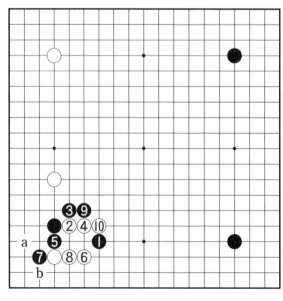

1도

1도(과정)

소목 두칸협공 때 흑1의 눈목자씌움에서 출발한 다. 백2로 붙인 후 10까 지는 상용 수순이다.

여기서 흑이 a로 지키 면 무난하지만 실리로는 약하다 보고 장면은 b로 강하게 빠졌다.

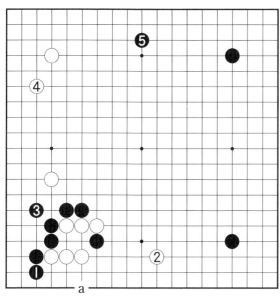

2도

2도(판단의 근거)

흑1에 백2로 벌리면 간명한데, 그러면 흑3의 지킴이 제격이다.

가령 백4, 흑5로 진행한다고 보면 흑이 실리를 바탕으로 순조로운 흐름이다. 반면 하변은 백집이 되더라도 a의 끝내기가 커서 별게 없다는 현실이 판단의 근거이다.

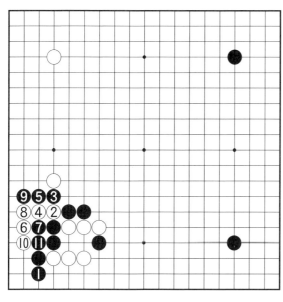

3도

3도(적의 사지에 들어가다)

그래서 이런 판단 하에 흑1 때 백은 2로 끊어 적의 사지에 스스로 들어가 수단을 구한다.

그러면 흑3 이하 11까지 필연이다.

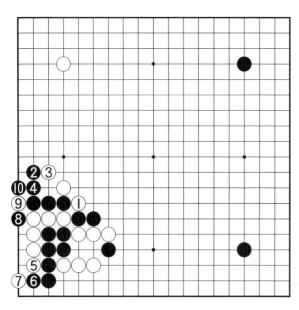

4도

4도(흑2, 수상전 요령)
다음 백1로 끊으면 흑2
의 한칸 행마가 변의 수
상전을 위한 요령이다.

그러면 백은 3의 급소
를 활용하고 5 이하 수상
전에 돌입하지만 이기겠
다는 뜻은 아니다. 10까
지 필연인데~

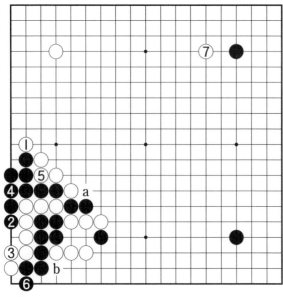

5도

5도(흑의 고민)
백1 이하 5로 조이면 흑
이 여기서 고민이다.

흑6이면 수상전은 흑
승이지만 가령 백은 7로
걸치면서 a의 축머리를
활용할 수 있고 b의 막음
도 거의 선수이다.

흑은 호랑이굴에 들어
온 적군을 잡아도 왠지
꺼림칙하다.

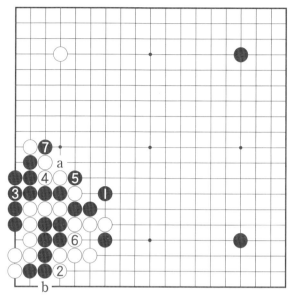

6도

6도(흑, 대범한 작전)

앞 그림의 3에 흑1이 대범한 작전이다. 일단 축머리 여지를 없앤 것인데 그러면 백2로 수상전은 백승이다.

흑3에는 백4가 절대 수순이다. 흑5에 백6은 당연한 조임이고 흑7 이후 흑a와 백b는 그렇게 될 곳이다.

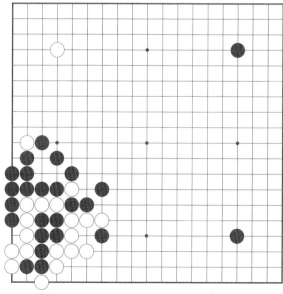

7도

7도(두터움이 압도한다)

그러면 결론적으로 이런 그림이 되는데 지금 백이 선수라고 해도 흑의 두터움이 전국을 호령한다.

백도 이런 두터움이 부담스러우면~

317

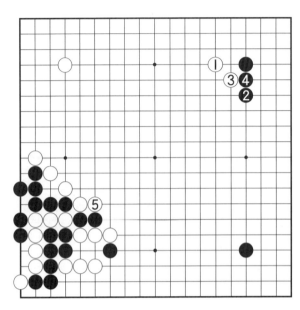

8도

8도(백의 축머리 구사)

5도의 2에 백1로 걸치면서 축머리를 구사할 수 있다.

이때 흑2의 한칸으로 받으면 백3을 선수한 후 5의 단수가 축이 되니 흑이 망하는 코스이다.

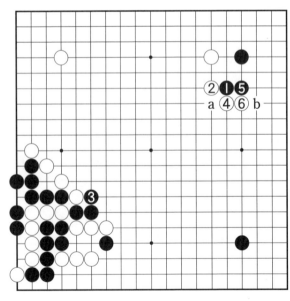

9도

9도(흑, 충분)

백이 걸칠 때 흑1의 날일자는 백2면 흑3으로 축을 해소하겠다는 뜻이다.

그러면 백4, 6으로 압박하는 정도인데 다음 흑은 a의 끊음이든 b의 젖힘이든 수습해가면 충분한 흐름이다.

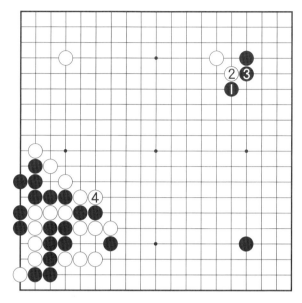

10도

10도(치명적 결함)

그런데 사실 흑1의 날일 자에는 치명적 결함이 있었다. 무식하지만 백2로 치받으면 훌륭한 축머리가 된다.

이제 와서는 흑3에 받아야 하는데 백4면 축으로 흑이 망한다. 눈으로 복잡하면 판에 늘어놓고 확인하기 바란다.

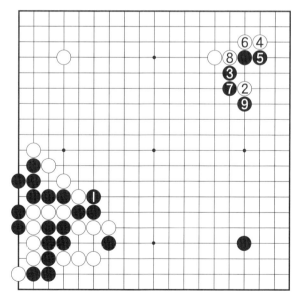

11도

11도(사석작전의 묘미)

따라서 처음부터 흑1의 해소가 맞다. 그러면 백2의 양걸침이 보통인데 이하 9까지 정석의 일종이다. 이 정도가 타협이고 그래도 흑이 좀 편해 보이지만 중간에 많은 변화를 시도할 수 있어 결론은 아닐 것이다.

다만 여기서는 사석작전의 묘미를 보여주는 것이 목적이었다.

장면 17

사석 활용을 둘러싼 포석 작전의 묘미

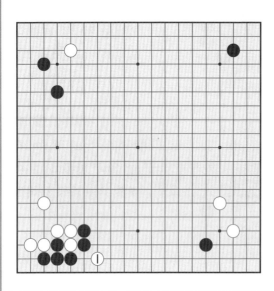

▨ 프로의 실전 포석에서 발췌한 장면인데, 좌하귀는 한창 정석이 진행 중이다.

백1로 들여다봤는데 그 의도와 반발을 배경으로 이후의 전법에 대해 알아본다.

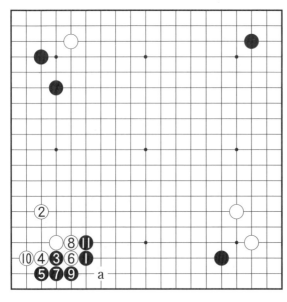

1도

1도(정석 과정)

좌하귀의 정석 과정이다. 흑1로 걸친 후 3, 5의 이단젖힘은 요즘 많이 나오는 변화이다.

백6, 8이면 흑9 다음 11로 밀어 올리는 것이 힘찬 수법이다. 여기서 실전 장면은 백a로 들여다봤다.

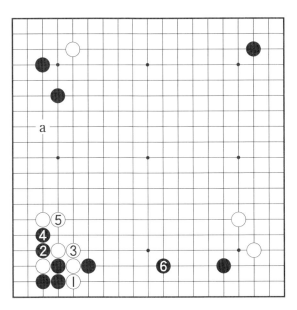

2도

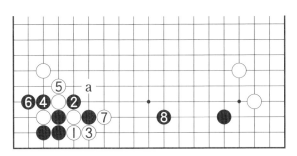

3도

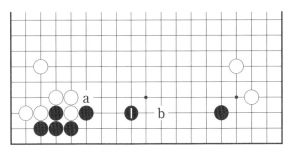

4도

2도(백이 관통하면?)
앞 그림의 6 다음 백1로 관통하면 흑의 두 가지 선택이 기다린다. 먼저 흑2, 4로 나가며 귀를 확보한 후 6 정도로 벌리면 양쪽을 둔 흑이 충분한데, 백도 두터움을 배경으로 a의 요소가 있어 한 판의 바둑일 것이다.

3도(흑, 끊는 변화)
백1에 흑2의 끊음도 가능하다. 다음 백3에 흑4, 6으로 귀를 차지하고 백7에 흑8의 벌림이 예상된다. 그러면 흑은 이후 중앙 두점의 움직임을 노릴 테니, 백도 적당한 시기에 a로 제압해두는 것이 좋을 것이다.

4도(흑, 낮은 자세)
1도의 11 대신 흑1의 벌림은 얼핏 안정적이지만 실은 낮은 자세라 좋지 않다. 그러면 백a의 활용도 있지만 백b로 다가올 때도 흑이 엷다.

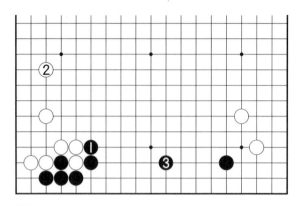

5도

5도(하변의 균형상 제격)
그래서 흑1이 힘찬 모습
이라 했다.
　이때 백2로 좌변을 보
강하면 흑3의 벌림이 이
번에는 하변의 균형상 제
격의 자리이다. 그러면
백이 포석에서 밀린다.

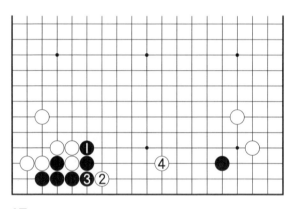

6도

6도(백의 의도)
장면으로 돌아가서 흑1
에 백2는 무슨 뜻일까?
　단도직입적으로 말해
서 흑3에 이어주면 백4로
갈라치겠다는 뜻이다. 그
러면 2의 활용만큼 흑이
무거워져 쫓길 운명이다.

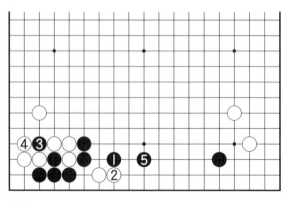

7도

7도(교묘한 수순)
따라서 백이 들여다보면
흑1의 씌움이 가벼운 행
마이다.
　백2로 밀면 흑3, 5가
기억해둘 교묘한 수순이
다. 여기까지 서로 필연
인데~

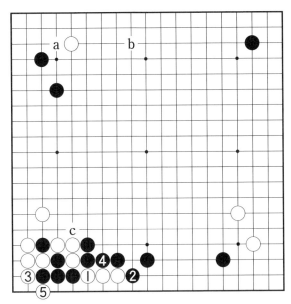

8도

8도(흑의 사석작전)

이때 백1로 끊어 귀의 넉 점을 탐하면 흑의 의도에 말려든다.

흑은 넉점을 사석으로 하변을 4까지 두텁게 정리하고 a나 b로 방향을 틀 것이다. c의 활용도 흑의 이점이다. 그러면 흑의 발 빠른 포석이다.

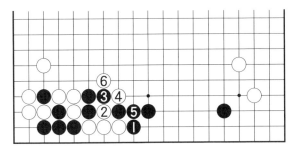

9도

9도(흑, 축에 걸리다)

흑1에 백2로 나가면 어떻게 될까?

물론 당장 흑3에 막으면 백4, 6으로 단번에 축에 걸리니 흑이 망하는 모습이다.

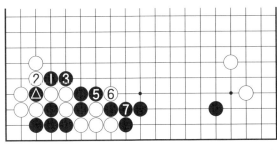

10도

10도(백, 잡힘)

앞 그림의 2에 흑1의 단수가 축을 벗어나는 교묘한 맥점이다. 백2로 잡으면 흑3, 5로 틀어막는다.

백6에 흑7로 잇고 나면 백의 다음수가 없으니 오히려 백 넉점이 잡힌 모습이다. 애초 흑▲로 끊어둔 효과였다.

④…▲

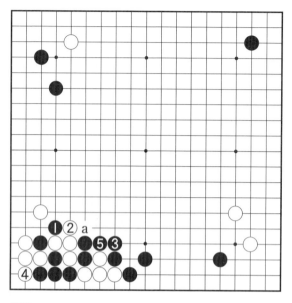

11도

11도(더욱 두터워질 뿐)

흑1에 백2로 나가면 이
번에는 흑3에 늘어둔다.

그러면 a의 활용이 있
는 만큼 백은 더 이상 진
출하지 못하고 4로 귀를
잡을 수밖에 없다. 이제
흑은 5로 틀어막아 더욱
두터워질 뿐이다.

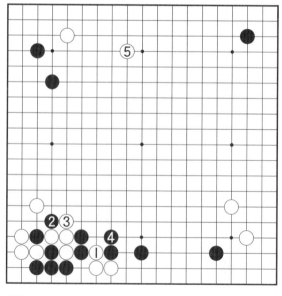

12도

12도(타협)

그래서 실전은 여기를 끊
지 못하고 1로 일단 나가
본다. 그러면 역시 흑2,
4의 수순이 요령이다.

백은 이 정도만 해서
맛을 남긴 채 5로 방향을
전환했다. 서로 타협이라
봐도 무방하다.

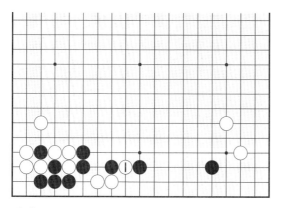

예제

▦ 예제 (흑 차례)

이 상황에서 백1로 끼우면 어떻게 될까?

뭔가 흑의 외곽이 허술한 만큼 강력해 보이는데 과연 그런지 알아보자.

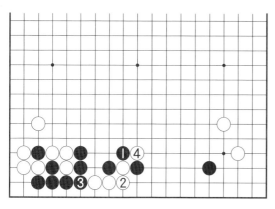

참고도 1

참고도 1(귀를 지키는 수순)

일단 흑은 1로 단수치고 3으로 이어 귀를 지켜야 한다. 백4로 끊을 때가 문제인데~

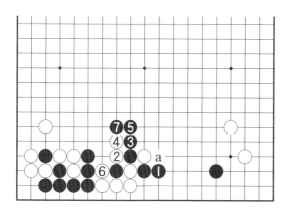

참고도 2

참고도 2(강력한 꼬부림)

흑1로 늘고 백2 때 계속 3, 5에 느는 것도 백a의 활용이 있으니 어쩔 수 없다.

백6에 따낼 때 이제부터 흑의 반격이 기다린다. 흑7의 꼬부림이 급소이며 강력한 한방이다.

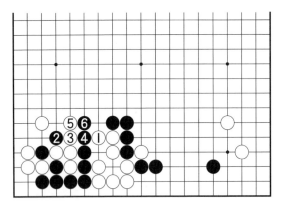

참고도 3

참고도 3(하변 백의 죽음)

다음 백1에 나가야 할 때 흑2의 단수가 맥점이다.

백3에 나가면 흑4, 6으로 따라 나가기만 해도 하변 백이 자연스럽게 죽는 모습 아닌가.

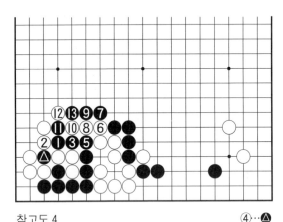

참고도 4   ④…⚫

참고도 4(백, 곤란)

흑1에 백2로 한점을 잡으면 이번에는 침착하게 흑3을 활용하고 5로 이어둔다. 그리고 백6에 흑7 이하 11로 자연스레 따라 나간다.

이때 백12로 막으면 흑도 13으로 차단하는데 서로 끊긴 모습이지만 좌변이나 하변의 백, 둘 중 하나는 무사하지 못하다.

참고도 5(백, 1수 부족)

귀와 변은 수상전 형태인데, 주요 변화를 살펴보자.

우선 백1로 잡으러가면 흑2, 4로 알기 쉽게 백의 1수 부족이다.

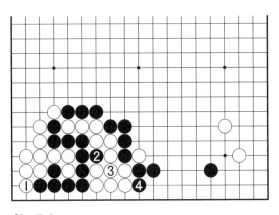

참고도 5

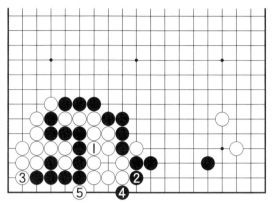

참고도 6

참고도 6(흑, 1수 부족)

따라서 백도 일단 한 집을 내는 1의 이음이 우선이다.

이때 흑이 2로 하변 백과 수상전을 벌이면 5까지 이 번에는 흑의 1수 부족이다.

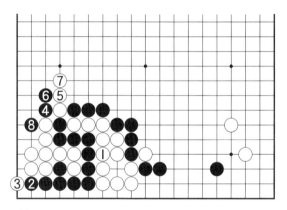

참고도 7

참고도 7(좌하 백의 죽음)

백1에 흑은 2로 나가야 한 다. 그러면 백3에 막아야 하 니 흑4 이하 8까지 이번에 는 좌하 쪽의 백이 죽는 모 습이다.

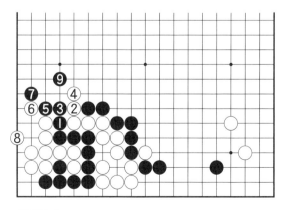

참고도 8

참고도 8(흑, 압도적 우세)

그렇다면 거슬러서 흑1에 백2로 나가야 하지만 흑3, 5로 기분 좋게 틀어막는다.

그러면 백6, 8로 시급히 살아야 하는데 흑9로 지키 면서 추격하면 흑이 압도적 으로 우세하다.

전술 新 사전

양재호 9단 해설
512P | 정가 15,000원

전단의 모티브 및 교란, 양동작전에 대한
전술을 체계적으로 풀어낸 전술사전!

함정수 新 사전

서능욱 9단 해설
512P | 정가 15,000원

정석, 파생, 함정수의 기본을 체계적으로
마스터할 수 있도록 구성한 함정수사전!

실전맥 新 사전

양재호 9단 해설
512P | 정가 15,000원

100% 실전에 나오는 맥점 형태를
간단, 명료하게 정리한 실전맥사전!

접바둑 新 사전

양재호 9단 해설
512P | 정가 15,000원

접바둑에 대한 두려움에서 벗어나
대국할 수 있게 도와주는 핵심 접바둑사전!

끝내기 新 사전

양재호 9단 해설
504P | 정가 15,000원

승리의 확률을 높일 수 있는
끝내기의 핵심 비법을 공개한 끝내기사전!

신수신형 新 사전

양재호 9단 해설
504P | 정가 15,000원

100% 실전에 활용되는 초반 신수법을
간단, 명료하게 정리한 신수신형사전!

www.cyber.co.kr | TEL 031-950-6300 | FAX 031-955-0510 | BM 성안당

Foreign Copyright:
Joonwon Lee
Address: 10, Simhaksan-ro, Seopae-dong, Paju-si, Kyunggi-do,
         Korea
Telephone: 82-2-3142-4151
E-mail: jwlee@cyber.co.kr

강적을 이기는 실전적 기본기 3

2018. 11. 26. 초 판 1쇄 인쇄
2018. 12. 3. 초 판 1쇄 발행

지은이 | 김일환, 이하림
펴낸이 | 이종춘
펴낸곳 | **BM** (주)도서출판 성안당

주소 | 04032 서울시 마포구 양화로 127 첨단빌딩 5층(출판기획 F
     | 10881 경기도 파주시 문발로 112 출판문화정보산업단지(제~

전화 | 02) 3142-0036
     | 031) 950-6300
팩스 | 031) 955-0510
등록 | 1973. 2. 1. 제406-2005-000046호
출판사 홈페이지 | **www.cyber.co.kr**
ISBN | 978-89-315-8734-0 (13690)
     | 978-89-315-8735-7 (세트)
정가 | **15,000원**

이 책을 만든 사람들
책임 | 최옥현
기획 · 진행 | 이하림
교정 · 교열 | 명인닷컴
본문 디자인 | 명인닷컴
표지 디자인 | 명인닷컴, 박원석
홍보 | 정가현
국제부 | 이선민, 조혜란, 김혜숙
마케팅 | 구본철, 차정욱, 나진호, 이동후, 강호묵
제작 | 김유석

■ **도서 A/S 안내**

성안당에서 발행하는 모든 도서는 저자와 출판사, 그리고 독자가 함께 만들어 나갑니다.
좋은 책을 펴내기 위해 많은 노력을 기울이고 있습니다. 혹시라도 내용상의 오류나 오탈자 등이 발견되면 **"좋은 책은 나라의 보배"**로서 우리 모두가 함께 만들어 간다는 마음으로 연락주시기 바랍니다. 수정 보완하여 더 나은 책이 되도록 최선을 다하겠습니다.
성안당은 늘 독자 여러분들의 소중한 의견을 기다리고 있습니다. 좋은 의견을 보내주시는 분께는 성안당 쇼핑몰의 포인트(3,000포인트)를 적립해 드립니다.

잘못 만들어진 책이나 부록 등이 파손된 경우에는 교환해 드립니다.